대관령 동쪽으로 떠나는 추억여행

대관령 동쪽으로 떠나는 추억여행

강릉 83포럼 지음

차례

제3부 하슬라의 향수

제4부 일구지난설

사진 © 송순섭

 축시

여행

정호승

사람이 여행하는 곳은 사람의 마음뿐이다
아직도 사람이 여행할 수 있는 곳은
사랑하는 사람의 마음의 오지뿐이다
그러니 사랑하는 이여 떠나라
떠나서 돌아오지 마라
설산의 창공을 나는 독수리들이
유유히 나의 심장을 쪼아 먹을 때까지
쪼아 먹힌 나의 심장이 먼지가 되어
바람에 흩날릴 때까지
돌아오지 마라
사람이 여행할 수 있는 곳은
사람의 마음의 설산뿐이다

정호승(鄭浩承)_1950년 경남 하동에서 태어나 1972년 한국일보 신춘문예에 동시「석굴암을 오르는 영희」가, 1973년 대한일보 신춘문예에 시「첨성대」가, 1982년 조선일보 신춘문예에 단편소설「위령제」가 당선되어 문단에 나왔다. 시집으로『슬픔이 기쁨에게』『서울의 예수』『새벽편지』『여행』등이, 시선집으로『내가 사랑하는 사람』,『흔들리지 않는 갈대』등이 있다. 소월시문학상, 동서문학상, 정지용문학상, 편운문학상 등을 수상했다.

일구지난설(一口之難說)이래요

통고지설 양강지풍 일구지난설(通高之雪 襄江之風 一口之難說)

통천과 고성은 눈이 많이 내리고, 양양과 강릉은 바람이 많이 부는데 그것을 한 입으로 설명하기 어렵다는 뜻입니다.

학자들도 고개를 갸우뚱거릴 이 말을 강릉 83포럼의 주인공들은 일상처럼 써왔습니다. 지역을 나타내는 앞부분은 간과해도 '일구지난설' 은 한자숙어사전에 당연히 있을 것이라고 생각할 정도로 익숙합니다. 책을 내면서 이 말에 더 눈길이 가는 것은 이 말이 바로 이 책을 설명해줄 수 있는 키워드라고 생각하기 때문입니다.

강릉 83 포럼은 1983년에 고등학교를 졸업했고 강릉과 인연이 있는 친구들이 함께 만든 울타리입니다. 울타리 안에는 강릉에서 태어나 줄곧 그 곳에서 자란 친구도 있지만 태어나긴 했어도 어린 시절 다른 곳으로 이사를 간 친구도 있습니다. 반대로 태어나지는 않았지만 강릉에 있는 학교로 진학해 학창시절을 보낸 친구들도 있습니다. 그래서 강릉보다는 일구지난설이 통하는 문화권의 친구들이라는 표현이 더 맞을 수 있습니다. 게다가 여럿이서 책을 한 권 내려면 얼마나 많은 토론을 거쳐야 하고 얼마나 깊은 갈등을 겪어야 하는지 이 또한 일구지난설이었습니다.

매년 겨울이면 으레 신문지상을 장식하는 폭설과 교통두절 때문인지 이 말은 부정적으로 쓰이는 경우가 많습니다. 하지만 단언컨대 '한 마디로 표현할 수 없다' 가 갖는 마력은 긍정과 부정을 뛰어 넘는다고 봅니다. 그런 자연 환경을 견뎌냈기에 이곳 사람들에게는 말로 표현하기 어려운 은근함이 배어 있습니다. 그 은근함이 친구들 사이의 우정도 더욱 깊게 만들었다고 믿습니다.

이 책은 추억 속의 강릉으로 떠나는 여행이기도 하면서 회상이기도 합니다. 저자로 참여한 친구들은 강릉 언저리 어느 한 곳에 스며든 자신만의 추억과 그 추억을 바탕으로 그곳을 소개하고 있습니다.

내 놀던 옛 동산과 같은 강릉 기억에는 가족들과 얽힌 뭉클한 사연부터 어린 날의 에피소드, 진하게 우러나오는 사투리가 고루 버무려져 있습니다. 잘 비벼진 비빔밥처럼 맛나고, 잊고 지내지만 언제나 그리움이 되는 정감이 뚝뚝 묻어난다고 감히 말할 수 있습니다.

지금은 어딜 가도 아파트가 주거지를 대신하고 비슷한 형태의 상가들이 지역의 특색을 가리고 있습니다. 꿈속에 있는 고향이 언제나 같은 모습을 유지해야 한다는 욕심은 없지만 개성을 잃어가는 현실은 서글픔입니다.

이 책을 읽으면서 독자들이 그런 아쉬움을 달랬으면 하는 바람입니다. 백두대간을 뒤로 하고 태평양을 보고 자란 친구들의 고향 기억이 어떤 빛깔을 내는지를 살펴보는 것도 묘미일 것입니다. 기억에 남는 희로애락이 모두의 추억이 되어 강릉을 돌아보는 이 시간이 그래서 뭉클합니다.

책이 나오기까지 어렵고 힘든 일을 마다하지 않은 편집위원들, 제목을 선정하기까지 카카오 톡, 밴드와 같은 SNS를 통해 열렬하게 참여해준 친구들, 그리고 지금 그 자리에서 묵묵히 자신의 역할을 다하고 있는 모든 친구들에게 감사를 전하며 출간의 기쁨을 함께 나누고자 합니다.

2013년 가을

강릉83포럼 회장 함영이

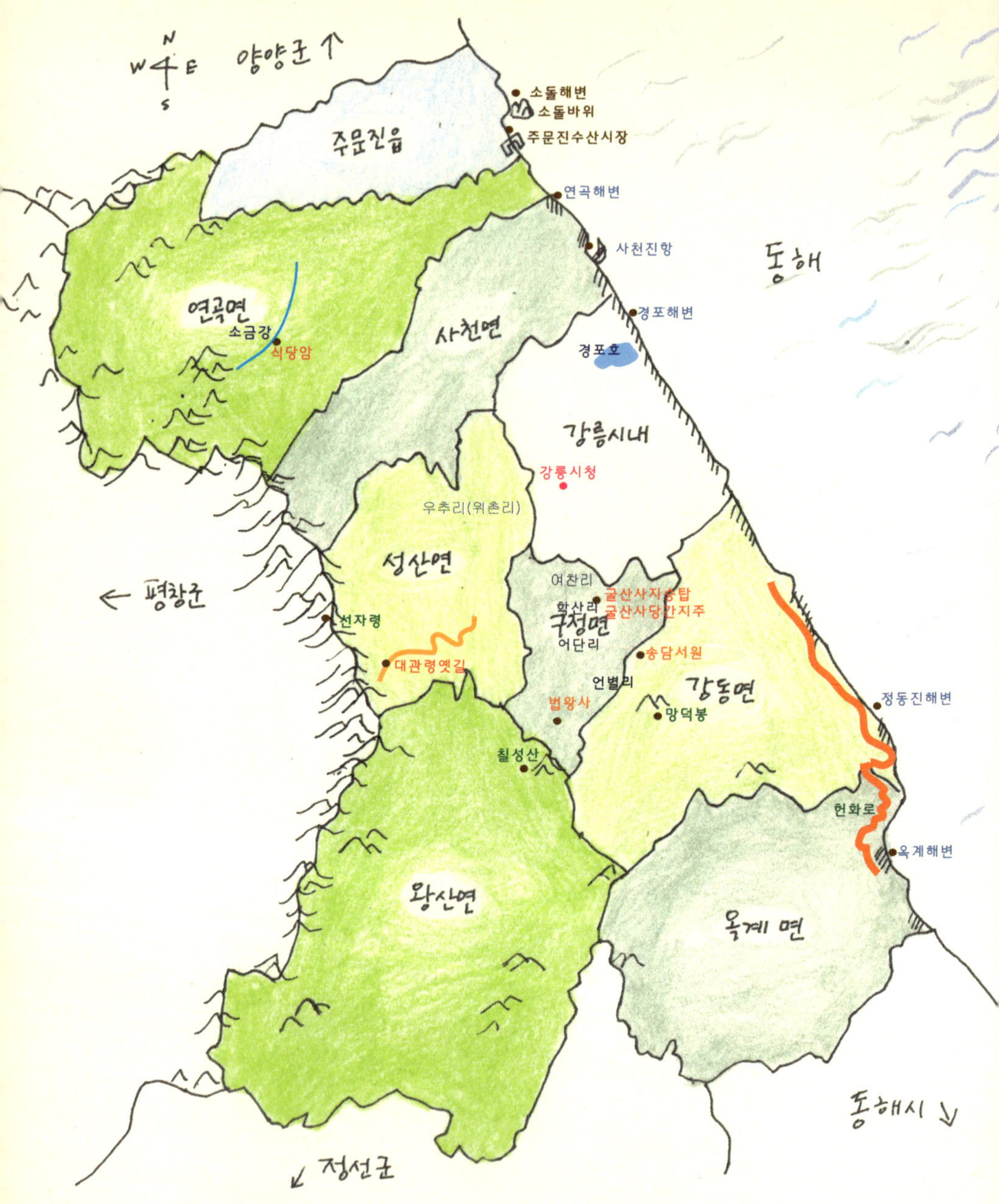
N
W
E
S
양양군
소돌해변
소돌바위
주문진수산시장
주문진읍
연곡해변
사천진항
동해
연곡면
소금강
식당암
사천면
경포해변
경포호
강릉시내
강릉시청
우추리(위촌리)
성산면
평창군
선자령
대관령옛길
여찬리
학산리
굴산사지승탑
굴산사당간지주
구정면
어단리
송담서원
언별리
법왕사
강동면
망덕봉
정동진해변
칠성산
헌화로
옥계해변
왕산면
옥계면
동해시
정선군

강릉시 지도

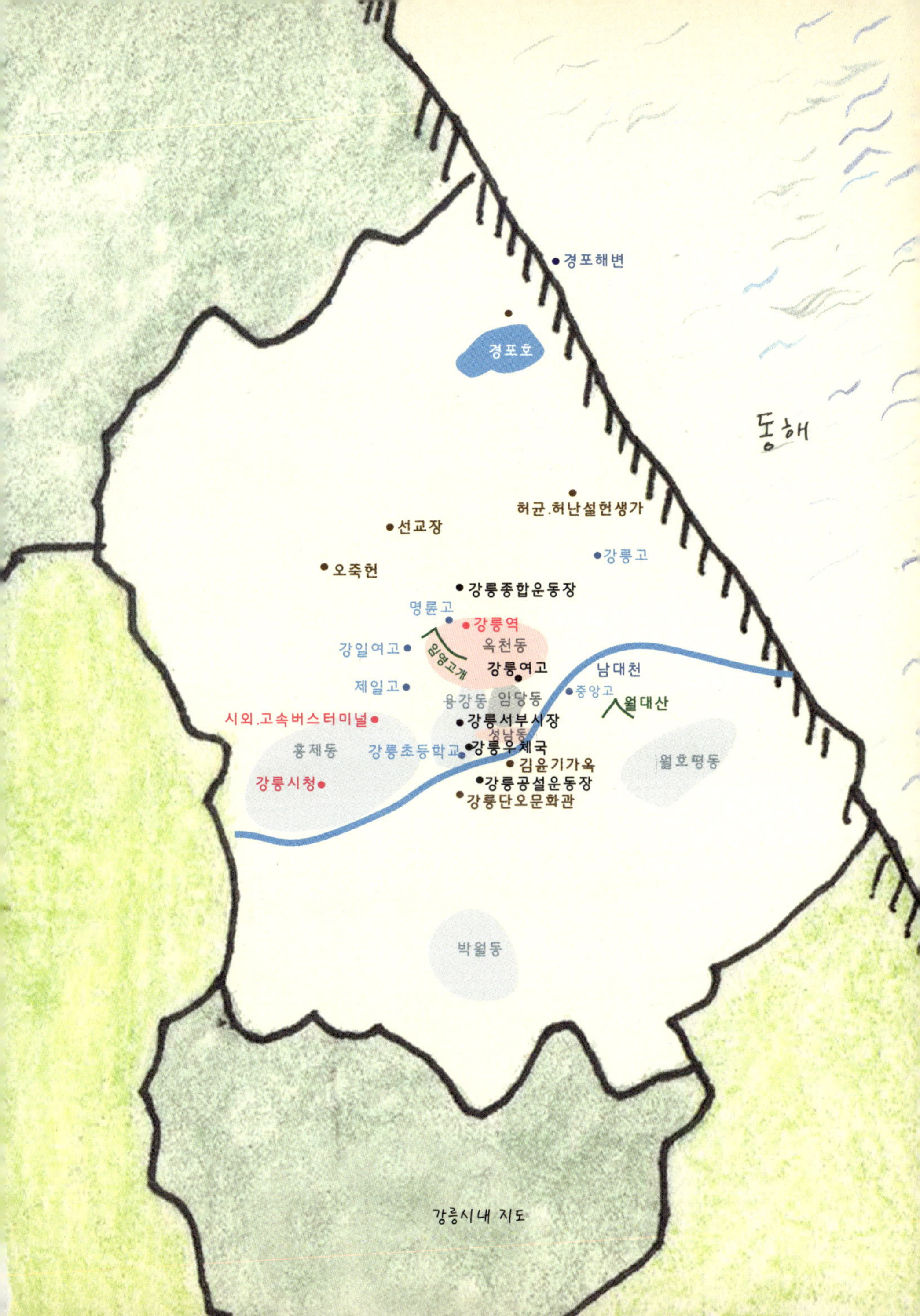
경포해변
경포호
동해
허균.허난설헌생가
선교장
강릉고
오죽헌
강릉종합운동장
명륜고
강릉역
옥천동
강일여고
임영고개
강릉여고
남대천
제일고
중앙고
용강동
임당동
월대산
시외.고속버스터미널
강릉서부시장
성남동
홍제동
강릉초등학교
강릉우체국
월호평동
김윤기가옥
강릉시청
강릉공설운동장
강릉단오문화관
박월동
강릉시내 지도

대관령 그 길 위에 서다__권혁숙 / **월대산** 문학 소년의 풍경화__조연동 / **친정길 강릉** 설화의 향기를 찾아서__김남희 / **오죽헌 옛집** 내 놀던 옛동산에 올라__권혜영 / **강릉 한옥 탐방기** 솔향 그윽한 역사를 읽는다__김경미 / **옥계 해변** 옥계를 출발하다__함영이 / **월호평동** 월이와 힘장사 이야기__박용천 / **학산 굴산사 터** 네 개의 돌기둥에 담긴 숨결__오세인 / **강릉시대 등곶길** 단오제 역사 아시나요!__김흥술

제1부

동쪽으로 가면

그 길 위에 서다

지천명이라는 나이에 맞이하는 가을은 이전보다 새롭다. 전에는 계절이 바뀌는 모습을 눈으로 보고 느꼈다면 이제는 피부에 스치는 바람결이나 공기의 작은 변화로도 절기에 따른 자연의 신비한 변화를 본다. 그래서 어른들이 나이는 거저먹는 것이 아니라는 말을 했나 보다.

가을의 들녘은 부지런히 한해의 결실을 내 놓으며 해질녘 집으로 향하는 발걸음처럼 바쁘고, 어머니의 열두 폭 치마 같은 아낌없는 열매를 쏟아낸다. 유난히도 더웠던 지난 여름을 불평하며 지낸 탓에, 지금의 풍요는 거저 받은 것 같아서 슬며시 부끄럽다. 고향도 이처럼 선물 같은 곳이리라.

내가 태어나 자란 곳은 강원도 대관령이다. 영동과 영서로 이어지는 해발 832미터의 험한 준령이다. 구름도 쉬어간다는 하늘 아래 첫 동네, 일 년 중 반은 겨울처럼 지낸 것 같다. 학교 다닐 때 하복도 긴팔을 입었을 정도니……. 어느 해 오월 어린이날에는 눈이 내렸던 적도 있었다.

드넓은 대지에는 초여름이면 감자꽃이 뭉게구름처럼 피어오르고 배추는 초록의 향연처럼 비탈진 밭으로 끝없이 이어졌다.

그곳에서 강릉 방향으로 아흔 아홉 구비를 돌아 내려가면 강릉이 나온다. 정상에서 내려다보면 구름이 많은 날에는 앞을 볼 수 없었지만 맑은 날은 강릉 시가지가 한눈에 들어왔다. 멀리 동해바다도 보였다.

면 단위에 살면서 어쩌다 한 번씩 강릉에 가게 되면 들뜨고 설레어서 잠을 설쳤다. 도암중학교는 남녀 한 반씩 두 반이었다. 2학년 때 동해안으로 수학여행을 가게 되면서 보게 된 속초에서 거진으로 이어지는 바다의 풍경은 평생 잊지 못할 황홀하고 멋진 풍경이었다. 가을 햇살에 반짝이는 은빛 모래사장을 걸을 때 발을 간질이는 감촉, 곡예하듯 밀려오는 파도의 눈부심! 그 후에도 파도는 오랫동안 내 발꿈치를 따라다녔다.

고등학교는 강릉 시내로 진학했다. 교동에 있는 영동여고(현 강일여고)에 입학했다. 친구 여럿이 같이 갔는데 두 명씩 방을 얻어 자취생활을 했다. 어머니는 비녀를 꽂은 머리에 고운 한복을 입고 학교에 오셔서 수업료를 전교에서 제일 먼저 내시곤 했다. 나는 그런 촌스러운 어머니 모습이 부끄러워 화를 내고 먼저 가 버린 적도 있었으니, 지금은 아픔이 되었다. 뿐만 아니라 어머니는 김치, 고추장 등을 보따리에 싸서 머리에 이고 자취방까지 한 시간 넘게 걸어오기도 했다.

늦잠을 자거나 밥을 못해 먹는 날에는 꾀를 내어 보내온 쌀을 가게에 팔아서 그 돈으로 라면이나 빵으로 바꿔 먹었다. 처음에는 학교생활에 적응하기가 무척 힘들었다. 학교도 크고 열두 반까지 있었지만 왠지 횡계에 있는 아담한 중학교만도 못한 것 같았다. 나는 수업시간에 멍하니 집만 생각하다가 선생님에게 야단을 맞기도 했다. 나는 토요일만 기다렸다. 그러다 드디어 토요일이 오면 오전 수업을 마치기 무섭게 터미널로 달려갔다. 그곳에는 그리운 친구들이 다 모여 있었다.

일요일 저녁이면 강릉으로 가는 학생들이 손에는 이불이나 반찬 보따리를 들고 횡계 터미널에 모였다. 대관령 길을 덜컹거리며 달리는 버스 안은 김치 냄새와 반찬 냄새로 가득했다. 친구들이 그동안의 못 다한 얘기들로 왁자지껄한 사이 선반에 올려놓은 김치 통에서 국물이 새어나와 뚝뚝 떨어지는 바람에 손님들 옷을 버리기도 하고, 차가 심하게 흔들리는 바람에 고추장 그릇이 엎어져서 소동을 겪기도 했다.

한번은 어머니가 싸준 감자 봉지가 터져서 감자가 온 차안으로 굴러다녀 무척 창피한 적도 있었다.

버스 안은 김치냄새나 반찬냄새로 가득하고,

남녀학생들은 쪽지를 건네는 일도 은밀히 이루어졌다.

버스 안에서 남녀 학생들은 눈빛 교환을 하기도 하고 손 편지나 쪽지를 건네는 일도 은밀히 이루어졌다. 중학교 때 하굣길에 편지를 들고 내 뒤에 따라왔던 정우는 강릉의 남자 고등학교로 진학했다. 그는 버스 안에서 여전히 내게 편지를 주려고 했지만 나는 왠지 부담스럽고 내키지 않아 거절했다. 강릉에는 더 멋진 친구들이 있을 것 같았다.

이후 삼십 대 중반이 되어 동창회를 한다는 연락을 받았다. 그곳에서 정우를 만났다. 사업을 해서 안정되게 살고 있었다. 그곳에서 그가 갑자기 나에게 선물을 내밀었다. 등산화였다.

"너를 만날 생각에 잠을 설쳤어 이 등산화 신고 같이 걷자."

그의 익살스런 행동에 친구들은 모두 축하해 주며 우리의 우정에 박수를 보내 주었다.

친구들과 지금도 일 년에 한 번씩 일박이일로 수학여행을 다녀온다. 지난 번에는 치악산 계곡에서 발장구를 치며 즐겁게 놀았다. 우리는 십대로 돌아가서 그때를 재현하며 우정을 이어간다.

버스가 없던 시절 부모님은 대관령 길을 걸어 다녔다고 한다. 보리쌀을 지고 하루 반나절을 걸어오던 일을 늘 얘기하셨다. 오죽헌에서 출발한 신사임당이 어린 율곡의 손을 잡고 험한 산길을 얼마나 걸어야 서울에 갈 수 있었을까. 아득한 길을 걸으며 집에 두고 온 어머니가 걱정되어 돌아보고 또 돌아보면서 걸음걸음 고인 눈물의 사친시를 읊어본다. 서울로 과거시험을 보기 위해 수없이 오르내리며 발이 부르텄을 젊은 유생들이 이 길에서 쏟았을 땀과 눈물을 가늠해 본다.

대관령은 한 굽이씩 돌 때마다 풍광이 시시각각으로 변한다. 처음은 길이 아니었을 것이다. 누군가가 처음 걸었던 곳을 다른 사람들이 뒤따르면서 길이 만들어졌고 그 길은 수많은 사람을 오가게 해 주었다.

평탄한 대로만이 좋은 길은 아닌 듯하다. 나는 돌아가는 길에서 더 많은 것을 보고 배웠다. 느리게 가서 더 유익했다. 바위 틈새에서 피어나 광풍 속에서 자라난 소나무의 강인함도 보았고 이름 모를 들꽃들을 보며 위안을 받기도 했다.

녹록치 않은 인생길에서 바다와 대관령은 사고의 유연성과 여유를 나에게 선물했다. 그래서인지 나는 사람과 부대끼고 마음에 상처를 입을 때도 주저 없이 앞으로 달려간다. 연어가 산란을 위해 태평양을 거슬러 오듯이 내 모태의 젖줄 대관령! 그곳에는 작은 풀포기나 가시 넝쿨조차도 싱싱한 생명력을 당당히 펼치고 있지 않은가. 언제나 잊지 못할 곳, 달려가고픈 길!

오늘, 나

그 길 위에 서 있다.

권혁숙(權赫淑)_ 평창군 대관령면에서 태어나 자랐다. 마음의 고통이나 상처 입은 사람들을 향한 관심이 커서 심리상담과 사회복지학을 전공했고 글쓰기를 취미로 해서 농어촌 여성문학과 충북에서 활동하며 시낭송도 한다. 사회복지사 일과 상담 봉사를 겸하면서 주부로 충북 음성에서 소박하게 살고 있다.

문학 소년의 풍경화

나는 어릴 적 월대산에 올라 꿈을 키웠다. 그때는 꿈이 뭔지도 모르고 살았다. 아무도 내 꿈을 물어 봐 주지 않았다. 그저 하루하루 월대산을 바라보며 살았다. 그곳에는 수 천 년 동안 쏟아진 폭우에도 꿈쩍하지 않은 커다란 바위가 있었고, 거칠지만 따뜻한 정이 흐르는 소나무들이 서로 어깨를 내어주며 살아가고 있었다. 지금 와서 되돌아보니, 그 우직한 바위와 따뜻한 소나무 껍질이 내 유년의 꿈이었고 내 성장의 거름이 되어 주었다

어릴 적, 월대산은 내 놀이터였다. 시간만 나면 월대산 바위 꼭대기에 올라 유유히 흐르는 남대천을 바라보았고, 산 아래 옹기종기 모여 앉은 마을을 오래 바라보곤 하였다. 남대천을 사이에 두고 알록달

록한 기와 지붕들이 크고 작은 섬처럼 떠 있었고, 섬과 섬 사이를 오가는 사람들이 개미만큼 작게 기어 다녔다.

커다란 바위에 앉아 가끔 나뭇가지에 앉은 새를 향해 돌을 날리기도 했다. 새를 향해 던진 돌은 언제나 아슬아슬하게 비켜갔다. 놀란 새들이 푸드덕 날아간 자리에는 천진난만한 내 동심이 솔방울처럼 매달리곤 하였다.

나처럼 월대산을 자주 찾던 새는 주로 참새와 까치였다. 그래서 지금도 참새와 까치를 보면 가족처럼 반갑다. 그 외에도 손님처럼 낯선 새들이 예쁘게 치장을 하고 찾아오기도 했으나 오래 머물지 못하고 이내 다른 곳으로 날아가고 말았다. 이상하게 까마귀는 산 위로 잘 날아오지 않았고, 산 아래 마을 주변을 배회하거나 추수가 끝난 들판만 파헤치는 것이었다. 까마귀는 보통 몇 마리씩 무리지어 날아다녔는데 어느 땐가는 하늘을 뒤덮을 만큼 수 만 마리의 까마귀 떼가 남항진 바닷가로 날아가는 기이한 장면을 연출하기도 하였다. 이러한 기억 때문인지 까마귀에 대한 인상이 좋지 못하다.

월대산 꼭대기에 곰처럼 우직하게 앉아 있는 커다란 바위 뒤쪽은 늘 어둡고 서늘하였다. 가끔 바위 뒤쪽을 내려다보면 절벽 아래에 무서운 짐승이 숨어 있는 것같이 무서웠다. 그래서 여간해서는 바위 뒤로는 가지 않았다. 바위 꼭대기에서 떨어진 신발 한 짝을 찾으러 서늘한 바위 뒤를 내려갔던 기억만 하면 지금도 머리가 쭈뼛해진다. 나는 지금도 바위 뒤, 그 서늘한 정체를 모르겠다.

월대산에 올라 세상을 바라보면 치마폭처럼 펼쳐진 강릉 시내가 한눈에 들어왔다. 구름은 흘러흘러 대관령을 넘어가기도 했으나 어린 내 시야로는 검푸르게 이어진 장엄한 태백산맥의 줄기를 넘어가지 못했다. 대관령 아래 성산 어디쯤까지 시야를 확장해 갔다는 되돌아와 다시 내가 사는 입암동 골목골목에 시선이 머무는 것이었다.

산 아래 마을 골목에는 내 얼굴을 붉히게 하던 첫사랑이 고무줄놀이를 하고 있었다. 나는 비탈진 산을 단숨에 달려 내려와 골목 입구에 몸을 숨기고 고개만 살짝 내밀어 어린 소녀를 훔쳐보곤 하였다. 치마를 입어 나비처럼 나풀거리던 그녀만이 내 눈에 들어왔다. 그녀는 내가 숨어서 바라보는 것도 모르고 친구들과 어울려 놀다가는 어둑어둑해지는 저녁이면 집으로 돌아가 노란 전깃불을 밝혀 놓았다. 나는 그녀의 방에서 새어나오는 노란 불빛을 뒤돌아보며 터덜터덜 집으로 돌아와야 했다. 내 첫사랑은 그렇게 편지 한 장 못 부치고 막을 내렸다.

쉰이 되어가는 지금도 여전히 그때가 그립다. 그래서 그리움에 잠 못 이루는 밤이면 뒤척이며 시를 쓰게 된다.

눈병

자고 일어나 보니
눈알이 뻑뻑하고 눈곱이 끼었다

골목입구에 몸을 숨기고
어린 소녀를 훔쳐보곤 하였다.

아침이 선명하지 못하다
밤새 나도 모르게
내 눈이 많이 울었나 보다
가슴에 돌덩이로 박힌 그리움이
밤새도록 덜거덕거려
나는 잠을 제대로 이루지 못했나 보다
가슴 속에서 산산이 부서진 그리움이 눈물에 섞여
밤새 뚝뚝 흘렀나 보다
아침이 되었지만
그대가 그리워 우는 것 말고는
모든 것이 서툴고 어설프다.

월대산 밑을 휘돌아 남항진 바다로 빠져나가는 남대천에도 유년의 추억이 깊이 잠기어 있다. 6학년 때 성덕초등학교로 전학을 와서 얼마 되지 않아 새로 사귄 친구들 몇 명과 학교 뒤, 지금 월드컵 다리가 놓여있는 남대천에 가서 물놀이를 하다가 수영을 잘 못하던 나는 깊은 물에 빠져 허우적거렸다. 그때 나를 구해준 친구가 없었다면 나는 이미 오래 전 이 세상 사람이 아닐 것이다. 잃었던 정신을 차려보니 나와 나를 구한 그 친구는 물가에 반듯이 누워 있었고 함께 갔던 친구들이 겁먹은 얼굴로 죽음에서 돌아온 우리 둘을 내려다보고 있는 것이었다. 그 이후 나는 오랫동안 물에 대한 공포증을 가지고 살아야 했다.

그 해 가을에는 예비군 훈련을 마치고 포남동에서 입암동 쪽으로 남대천을 건너오던 예비군 아저씨 둘이 불어난 빗물에 휩쓸려 그 중 한 명이 목숨을 잃는 사고도 목격하였다. 내가 빠졌던 바로 그 자리였다. 동네 아주머니들이 빨래를 가지고 나와 그곳에서 빨래를 하기도 했는데 물귀신을 보았다는 얘기가 들리기도 하였다.

석양의 노을이 곱게 물든 남대천 제방 둑 돌 위에 걸터앉아 나는 책을 읽기도 하고, 편지를 써서 강물에 띄워 보내기도 하면서 학창시절을 보냈다. 그 때 읽었던 책 중에는 '좁은 문' 과 '제인에어' 가 생각난다. 지금도 그렇지만 나는 남자이면서 소녀 취향이 강했던 것 같다. 제인에어는 남자보다는 여자들이 즐겨 읽던 책인데 나는 그 책을 재미있게 읽었으니 말이다. 그 때의 감수성이 지금의 나를 만든 것이 아닌가 생각하게 된다.

입암동 제방 둑 아래에는 복숭아 과수원이 많았다. 언제부터인가 과수원 집 여학생이 눈에 들어오기 시작했다. 그녀를 볼 때마다 얼굴이 유난히 희다는 생각이 들었다 그 여학생도 내 앞에서 쑥스러워 하는 모습이 마치 잘 익은 복숭아 같았다. 그녀에게 보낼 긴 편지를 자주 썼지만 보낼 용기가 없어 매 번, 종이배로 접어 남대천 푸른 강물 위에 띄워야 했다. 그렇게 흘러간 편지는 남항진 바다를 지나 태평양 어느 한 복판에서 아직도 표류하고 있을지도 모르겠다.

그 시절의 추억을 회상하며 또 한 편의 시를 적어 본다.

사랑이여

타이어에 못이 박힌 것 가지고도
서너 시간 대화거리가 되고
섬에 가서 먹은
바다가재 얘기로도
이삼 일은 흘러가는데
나는 아무 얘기도 할 것이 없어
늘 벙어리였다
사랑이여
나도 운전을 하면서 수시로
타이어에 박힌 못도 뽑았고
섬에 가서 바다가재도 먹어보았지만
사랑이여
그대가 아니면
갈비뼈 부서졌던 교통사고도
프랑스 파리 달팽이 요리도
아무 얘깃거리가 못 되어
나는 늘 가슴 아픈 벙어리였다

어릴 적에는 크고 높게만 보이던 월대산이 어른이 되어서 올라보니 참 작고 나지막한 산이다. 아침저녁으로 마을 주민들이 운동으로 오르내리는 쉬운 산이다. 나는 이 산을 바라보며 강릉에서 지금껏 살아가고 있다. 지금 내 모습은 작고 볼품이 없다. 월대산이 올려다 보이는 작은 초등학교에서 코흘리개 아이들을 가르치는 선생이 되었다. 내가 가르치는 아이들을 데리고 가끔 월대산에 올라 30년도 더 지난 오래 전 이야기를 들려준다. 내가 동화처럼 들려주는 이야기를 어떤 아이들은 귀담아 듣기도 하고, 어떤 아이들은 시시하다며 저들끼리 나뭇가지로 칼싸움을 하기도 한다. 어린 저들이 듣거나 말거나, 이 산에 깃든 내 유년의 추억은 무엇과도 바꿀 수 없는 소중한 나의 자산이다. 내 사색의 뿌리는 바로 이곳에 깊이 뿌리 내리고 있기 때문이다.

어릴 적에 이보다 더 큰 산을 만나 더 큰 꿈을 키웠다면 지금보다 더 큰 사람이 되었을지 모르겠다. 대처로 나가 큰 산을 품고, 큰 산을 오르내리며 이처럼 작고 볼품없는 산은 내 기억에서 까마득히 잊고 살지도 모르겠다. 그러나 월대산은 나를 키운 산이다. 이 산이 나의 부모님이다. 월대산은 나에게 그런 존재이다.

조연동(曺淵東)_ 태어나기는 강원도 평창 두메산골이었으나 6학년 때 강릉으로 전학을 왔다. 그 해 남대천에 빠져 허우적대다 겨우 살아났다. 그 이후, 덤으로 사는 인생이다. 그러면서도 욕심은 많아 시도 베끼고 그림도 베끼며 산다. 『아버지의 밭』이라는 시집을 냈고, 미술 공모전에 몇 차례 입상도 했다. 지금은 강릉 동명초등학교에서 밥 벌어 먹고 산다.

친정길 강릉

설화의 향기를 찾아서

"강릉으로 GO, 만장일치 틱 톡 탁!"

자그마한 손이 테이블을 두드렸다.

"독서토론 모임의 네 번째 해를 마무리하며 이번에는 망년회 대신 당일 코스 겨울여행 어떠세요?"

다섯 중 막내 이정의 제안이 한겨울 커피 향보다 진하게 들렸다. 마침 독서토론 모임에서 서로 나누었던 소설『허난설헌』의 고향과 나의 고향이 동향이란 사실에 필연처럼 강릉으로 겨울여행 목적지가 결정되었다.

게으름을 바쁘다는 핑계로 포장할 때도 이해해 주고 내 시간에 맞추어 모임 시간도 배려해 주는 동생 같은 회원들한테 이번 여행에서 조금이라도 도움이 되고 싶어서, 강릉 터줏대감 오빠한테 연락해야겠다고 생각했다. 그렇게 한 주간의 기다림은 우리를 아줌마가 아닌 소녀로 만들어 주었다.

2011년 12월 10일 오전 7시!

이틀 전부터 영동 지역 폭설로 산간도로 통행이 제한되고 있다는 뉴스에 염려도 있었지만 베스트 드라이버인 정규와 아진이 있으니 염려는 삼초만 하자.

초등학교 다니는 자녀들 아침밥 챙기고 등교를 돕는 남편들 마음이 동해바다보다 크고 넓다는 것을 인지하지 못한 채 우리 마음은 드넓은 동해바다를 향해 달렸고, 설렘으로 얼굴마다 홍조를 피웠다. 차 안의 아름다운 음악과 아진이 내려온 보온병 원두의 따뜻한 향기는 나와 함께 시트 깊숙이 자리 잡는다.

20여 년이 지나도록 다니던 길인데 이렇게 아름다웠던가? 그동안 가족과 동행한 고향 길은 의무감이 있었기에 설렘을 느끼지 못했나 보다. 세계 여행도 자녀의 견문 넓히기라는 제목을 달고 다니면 피곤한 데 역시 나를 위한 여행만이 자연과 진정한 대화를 열어주나 보다!

"언니, 올해 여름에도 가족들이랑 정동진 썬쿠르즈에서 숙박하고 왔는데 우리끼리 가는 겨울여행이 더 신나. 설경 좀 봐. 이렇게 아름다운 눈꽃은 처음이야."

이정의 탄성에 "맞아! 그래!" 회원들의 탄성이 화음을 만든다.

"나도 이렇게 아름다운 눈꽃은 처음이야."

아름다운 동행과 함께 창밖의 설경을 보며 정결함을 덧입는다는 것이 어떤 것인지 다시 새길 수 있어 감사하다. 깨끗함과 아름다움으로 옷을 입은 그 나무도 가뭄과 태풍과 병충해를 견딘 흔적이 있겠지? 눈옷을 벗기고 누가 그 흔적을 손가락질 할 수 있는가? 그 흔적이 그 나무의 실루엣이요, 아름다움인 것을. 이제는 말할 수 있을 것 같다. 자연에서 가장 아름다운 향기는 설화의 향기라고!

우리는 눈꽃 사이를 달려 어느새 북강릉 IC를 나오고 있었다. 10분 거리에 오빠네 집이 있다. 정부에서 한과 마을로 지정한 사천 한과마을로 유명한 곳이다.

'승일한과' 를 운영하는 오빠네에서 완성되는 한과를 바라보며 먹는 맛은 더 푸근하다. 푸근함 속에 촉촉함과 달콤함 그리고 아삭함까지 자신을 모두 내어주는 한과는 눈꽃을 입었으니 '설화과' 라는 예명을 지어주어도 좋을 듯싶다.

강릉에 눈이 많이 쌓여서 염려가 되었는데 오빠가 차로 마중을 나와 준다고 하니 안심이다. 송정해변 솔밭 속 '고부 순두부' 집에 점심 예약을 해놓았다며 그곳으로 데리고 간다.

이심전심일까? 오늘 일정 속에는 허난설헌 생가가 있는데 그 근처 식당이라니 금상첨화다. 식사 후 허난설헌 생가와 오죽헌을 보면 되겠구나. 역시 동선 짱!

고향 사람이 아니면 찾을 수 없는, 옛날 모습 그대로의 아주 작은

빈녀음(貧女吟)

허난설헌

豈是乏容色 개시핍용색 (인물도 남에 비해 그리 빠지지 않고)
工鍼復工織 공침복공직 (바느질 솜씨 길쌈 솜씨도 좋건만)
少少長寒門 소소장한문 (가난한 집안에 태어나 자란 까닭에)
良媒不相識 양매불상식 (좋은 중매자리 나서지 않네.)

不帶寒餓色 부대한아색 (춥고 굶주려도 겉으로는 내색하지 않고)
盡日當窓織 진일당창직 (하루종일 창가에서 베만 짠다네.)
唯有父母憐 유유부모련 (오직 내 부모님만 가엾다 생각할 뿐)
四隣何會識 사린하회식 (그 어떤 이웃이 이내 속을 알아주리오.)

夜久織未休 야구직미휴 (밤이 깊어도 짜는 손 멈추지 않고)
戛戛鳴寒機 알알명한기 (짤깍짤깍 베틀 소리 차가운 울림)
機中　匹練 기중일필련 (베틀에 짜여 가는 이 한 필 비단)
綜作何誰衣 종작하수의 (필경 어느 색시의 옷이 되려나.)

手把金剪刀 수파금전도 (가위로 싹둑싹둑 옷 마르노라면)
夜寒十指直 야한십지직 (추운 밤에 열 손끝이 호호 불리네.)
爲人作嫁衣 위인작가의 (시집살이 길옷은 밤낮이건만)
年年還獨宿 년년환독숙 (이 내 몸은 해마다 혼자 살다니.)

집 그러나 그 맛은 일품인 집이다. '모두부' '초두부' '순두부 전골' 밑반찬까지 탄성을 지르게 한다.

세상은 눈으로 덮여 있고 해변 송림마다 피어 있는 설화의 잔상이 남아서인지 식탁에 놓인 '초두부'는 눈꽃을 따다 담은 것 같다. 우리는 눈꽃과 그 향기를 먹었다.

오빠에게 감사를 합창하고 허난설헌 생가로 향했다. 마당에는 눈손님으로 가득 찼고 담장 옆에 서 있는 커다란 나무 한 그루가 생가를 굽어보며 눈꽃 향기를 날린다. 무릎을 넘는 눈 속을 걸어 커다란 나무 밑에서 아진과 한 컷! 고즈넉한 마루에서 단체 사진 한 컷!

소설『허난설헌』의 저자, 최문희도 이곳을 수 없이 다녀갔을 테지…….

마루에 앉아서 작품 속 초희의 동선을 따라 움직이며 그 천재성에 가슴 아파했나 보다. 허난설헌의 뜻을 '난초꽃이 눈 속에 스러져도 향기는 남아서 영원한 깨우침을 준다.'고 해석해도 될 것 같다.

독서토론에서 해정이 발제하면서 했던 말이 생각난다.

"작가는 왜 세상에 그녀의 존재를 알리려고 했는가. 아마도 그냥 지나치기엔 시인으로서의 천재적인 그녀의 행보를 묻어 둘 수가 없었으리라. 우리나라에 이어 중국, 일본까지 그녀의 시집이 알려지고 있다. 고증할 만한 자료가 없어서 허구로 남아 못다 핀 그녀의 삶을 이 책을 통해 느꼈으면 한다."

"우리 이제 허난설헌 기념관으로 가요"

이정의 소리에 뒤따라 일어나면서도 내 마음은 해변 송림과 어우러진 설경에 머무른다.

"이 사진 한 컷이면 무릉도원이구나!"

기념관을 관람하면서 허균과 허난설헌 오누이의 천재성을 되새겨 본다.

그 천재성은 가슴 아픈 한이 인생의 다른 한 면으로 불거진 풍선효과 같은 생각도 들었다.

가시나무새도 가시에 찔려 죽어가면서 마지막으로 아름다운 울음을 운다고 했지…….

오죽헌으로 향하는 차 안에서 오빠가 이야기를 들려준다.

조선 중기 시대에 이 지역에서 허난설헌의 허 씨 집안과 이율곡의 이 씨 집안이 권세를 다투었는데 이 씨 집안이 권세를 잡았고 허 씨 집안은 권세에서 밀려났다고 한다. 결국 권세를 잡았던 이 씨 집안의 오죽헌은 시립 공원으로 지정되어 웅장하게 관리되는 것이라고 한다.

그 부분은 함께 생각해보지 못했는데 그리고 보니 허난설헌 생가는 세월 앞에 홀로 서 있는 것처럼 처연해 보인다. 그래도 지금은 기념관이 세워져 허균과 허난설헌이 새롭게 조명되고 있어서 다행이긴 하지만 영원한 여당과, 영원한 야당을 보는 것만 같았다.

회원들은 허난설헌 생가는 처음이지만 오죽헌은 여러 번 다녀갔었다며 총총걸음으로 한 바퀴 돌고 나왔다.

정동진 썬쿠르즈 전망대를 향해 시동을 켜는데 이정이 시원하게 한마디 한다.

"오빠 죄송하기도 하고 피곤하실 텐데, 이제 우리끼리 해안 찻집에서 차 마시고 놀다가 갈게요. 전망대는 여름에도 다녀갔거든요."

"오늘은 동생이 온다고 해서 시간을 냈으니 부담 갖지마. 전망대가 겨울에 더 멋있다구."

"쩝! 우리끼리 수다가 그리운 이정의 속마음도 알겠고, 무슨 일이든 시작하면 해가 져야 끝을 내는 의리파 오빠의 마음도 알겠고……. 침묵하자."

가이드의 뜻대로 출발한 길이었지만 10분이 지나면서 모두 반색으로 변했다.

눈길 빙판의 해변도로는 우리 전용도로였고 왼쪽의 바다와 오른쪽의 설화는 가히 절경이다. 탁월한 눈길 운전 솜씨에 모두가 찬탄을 하며 썬쿠루즈 전망대를 향하였다.

전망대에서 내려다보이는 겨울바다는 여름의 피로가 풀린 듯 여유 있는 포말을 만들고, 해변 산봉우리마다 만개한 설화는 여름과 아주 색다른 매력으로 넘친다.

금강산 이름이 계절마다 다르듯이, 계절이 다르고 동행이 다르니 그 순간마다 신세계다.

커피와 치즈 케익은 소우주 같은 전망대가 반 바퀴 회전하는 동안 별똥별처럼 소멸되었다.

그 짧은 시간 해정이 내년 2월 새 학기가 시작되기 전에 강남으로 이사를 가게 되었다고 이별을 고한다. 4년 동안 정이 많이 들기도 했지만 동갑이라 친구처럼 지내던 이정의 눈동자가 글썽인다.

내 시야는 해변 산의 설경을 반사하고 있지만 마음은 평범한 진리를 외친다.

"만남과 헤어짐은 돌고 돌기 마련이다. 누군가의 마음에 남아있는 이별은 이별이 아니라고 생각한다. 잊혀진 자만 이별한 것이다."

해마다 연말 모임 때는 함께 모이기로 하고 우리는 애써 웃음을 회복했다. 주차장에 먼저 내려와 있던 오빠와 정동진에서 주문진 어항으로 향했다.

어스름 녘의 주문진 어항은 겨울바다의 향취보다 강한 삶의 향기가 어우러진다. 부두길 가장자리에 한 줄로 세워진 둥근 가로등이 그림처럼 조용하다.

"그런데 방파제 끝에 있는 가로등은 앞에 있는 가로등과 간격이 조금 차이가 나네?"

정리정돈 못하는 사람에게 일시적으로 나타나는 강박증상이라 치부하려는데…….

"와, 보름달이다!"

가로등이 보름달인 척한 것인지, 보름달이 가로등과 눈높이를 맞춰 준 것인지 모르겠다.

부둣가 어시장에 도착하자 소녀들은 보름달에 마술이 풀린 것처럼 아줌마가 되었다.

"우리 신랑 문어 좋아해. 우리 애들은 오징어 좋아해. 도루묵이 맛있어."

이미 양 손에 비닐봉투가 가득 들렸다.

사천 진항에 있는 유리 회집에 예약했으니 가서 저녁 먹고 가라고 한다. 싱싱한 회와 푸짐한 서비스가 한 상 가득 사랑을 담고 우리를 기다려주니 감사하다.

어느 여행지에서 풀코스로 모든 걸 해결해 주는 가이드를 만날 수 있을까?

고향 강릉에 오빠가 있어서 감사하다. 우리 모두 "오빠 최고!" 라고 엄지 손가락을 들어주었다. 회원들은 집으로 돌아오기 전 한과도 구매하고 조카에게 용돈도 쥐어주며 정을 나눈다.

고향은 산천만을 이야기하는 것이 아니다. 고향에 있는 가족, 친구, 지인…….

"그래 사람이 고향이다!"

내 고향 강릉이 항상 내 마음에 있는 것은 내가 사랑하는 사람들이 살고 있기 때문이다.

그리고 여행의 아름다움은 장소의 의미도 있지만 동행과의 의미가 더 중요한 것 같다.

83포럼의 회원들 중 많은 사람이 고향 강릉에서 살았던 날보다 더 많은 날들을 지금 사는 곳에서 살았을 것이다.

강산이 세 번 변해도 대화가 되는 건 내가 예전에 갔던 그 길을 그들도 갔던 적이 있어서일 것이다. 그래서 지금 마주앉아도 30년 전 그 길을 함께 걸을 수 있다.

또 다시 30년이 흐르면 83포럼의 역사가 강릉 지역의 역사가 되길 기대해 본다.

김남희(金南熙)_ 강릉 사천에서 태어나서 산과 개울과 바다는 항상 옆에 있는 줄 알았다. 그런데 찾아가야 보게 될 줄이야! IMF의 사면초가 속에서 하늘만 바라보는 새로운 삶이 시작되었다. 내 마음에 하늘이 들어왔고, 이제 겨우 나의 눈은 요동치 않고 세상을 볼 수 있게 되었다.

내 놀던 옛동산에 올라

친구야, 생각나니?

불볕더위의 기승에 건강 지키며 잘 지내고 있지?

이렇게 한여름이면 개울가를 첨벙이며, 장마 속 끈적이는 날씨에도 감자적 부쳐 먹으며, 감자가루 내신다며 자투리 감자 썩여가며 냄새나는 감자 물 갈아내던 내 고운 할머니!

할머니 팔뚝에서 그 지독한 냄새는 찬바람 불어야, 그리고 쫄깃쫄깃한 감자떡을 먹게 되어서야 겨우 잊어지곤 했지. 집집마다 감자 농사지어 떡에, 반찬에, 옹심이까지……. 손이 많이 가는 옹심이를 할머니는 더위도 마다하고, 한여름이면 서너 번씩 귀한 손님 오시면 자랑꺼리인 양 끓여내던 그 맛을 아직도 잊을 수 없어.

너도 기억나지? 친구야! 난 감자적에 대한 슬픈 추억이 있어. 너도 알다시피 우린 대가족이었잖아. 할머니, 부모님, 다섯 형제, 나중에 분가했지만 작은집까지……. 더운 여름날에 감자적 부친다하면, 나를 포함한 딸 셋은 감자껍질을 벗기고, 깡통 쭉 펴서 뒤집어서 못질로 구멍 낸 강판에 손가락 베어가며 갈아서, 뜨거운 불 앞에서 부쳐내면, 거실에 할머니, 아버지, 오빠는 젓가락만 까딱이고, 미처 세 사람의 흡입 속도에 대지 못하면 엄마는 "얼른 얼른 부쳐라! 셋이서 뭐 하냐" 며 타박만 줬지. 결국 세 딸년들 차지는 다 식어버린 시커멓게 색바랜 남은 감자적! 그것도 그 시절엔 맛나다고 게 눈 감추듯 먹어치웠지.

그런데 말이야, 2년 전인가? 강릉 사는 친구 집에 우연히 들렀다가 친구 남편이 사들고 들어온 따끈따끈한 감자적. 그 앞에서 눈물이 핑 돌았지 뭐야? 내가 뜨거운 감자적을 먹어도 되나? 그런 호사스러움 앞에서 어릴 적 서운함이 겹쳐지더군!

내가 태어난 곳은 춘천! 아버지 직장 때문에 여섯 살까지 살게 된 춘천 효자동에서 강릉으로 이사를 왔는데, 그 당시엔 큰할머니(우리 할머니의 시어머니)까지 계셨던 대가족이었다. 큰 기와집에서 아무것도 몰랐던 여섯 살 꼬마 계집아이의 오죽헌 살이가 시작되었다. 농사일도 많았고 식솔들도 정말 많았던 기억, 초등학교에 들어가면서 친구들의 물음, 넌 신사임당의 신 씨도, 이율곡의 이 씨도 아닌 권 씨인데 왜 오죽헌에 살아? 나도 궁금했었다. 그리고 중학생이 되어서야 그 이유를 알았다.

신사임당은 딸만 다섯 중에 둘째 딸! 아들이 없었던 사임당의 아버지 신명화는 다섯 딸 중에 권화(權和)와 결혼한 넷째 딸에게 외손봉사를 시키며, 그 아들 권처균부터 오죽헌에서 살면서 제사와 터를 맡기게 되었고, 그 후손이었던 것이다. 400여 년을 지켜오다가 1975년 오죽헌 성역화 사업에 따라 개인이 관리하기엔 좀 번거로움이 있기에, 나라에 기증하듯이 아버지께서 용단을 내리셨고, 초등학교 5학년 때 바로 근처로 2층 양옥을 지어 이사 나옴으로 나의 오죽헌 살이는 종지부를 찍게 된다. 지금은 오죽헌 제일 안쪽으로 깊게 들어가면, 몽룡실 지나 고가(古家)라고 이름 붙여진 곳이 우리 가족이 살던 사랑채, 안채……. 아궁이에 불이라도 지피면 그냥 어릴 적 그대로 하룻밤 지낼 수 있을 것 같은 아직도 가슴 아련한 추억의 집이다.

오죽헌 앞 운동장은 내 어릴 적 놀이터였다. 한 귀퉁이에 길어 올리는 우물도 있었는데 거기엔 한여름 수박도 담가놓았었고, 물을 퍼 올려 요즘같이 더울 땐 웃옷 벗고 엎드려 등목하던 생각이 아련하다.

운동장 가장자리 풀밭엔 토끼풀들이 끝도 없이 펼쳐져 있었고, 그 위에 뒹굴던 모습, 미루 나무들이 운동장 가장자리로 키 크게 줄을 서 있었고, 그 까마득한 미류 나무 잎들이 바람이 불 때면 어린아이 손 흔들듯이 내게 팔랑거리며 흔들어 주었고, 푸른 하늘 떠가는 구름은 한 폭의 그림과 같이 아직 내 맘속에 남아 있어! 논과 논 사이 모솔마

을 넘어가는 모퉁이엔 큰 느티나무가 한 그루 서 있었는데 그곳을 '느티나무 거리' 라 부르며, 오고 가는 사람들이 쉬어가는 그늘을 만들어내곤 했어. 한여름이면 집집마다 기르는 소를 아침에 느티나무 거리에 갖다 묶어놓으면 하루 종일 풀을 뜯어먹고 저녁엔 들여다 외양간에 들여다 묶었는데, 아침저녁 오가는 길이 신기해서 뒤는 졸졸 따라 다녔지만 코뚜레에 묶인 소몰이 줄은 한번도 만져보지 못한 새가슴이었지! 철철이 피어나는 꽃들과 열매 맺는 과실들, 겨울엔 눈 내린 몽룡실 앞에서 눈싸움하고 눈 녹은 물 떨어지며 만들어내는 기와지붕 끝 가장자리 작은 웅덩이는, 자연이 만들어낸 재밌는 장난감이었다. 비석 치기, 고무줄 놀이, 병뚜껑 땅 따먹기, 공기 놀이, 숨바꼭질……. 아직도 남아있는 감나무 밑 너럭바위는 신나게 놀다 지친 아이들의 쉼터가 되어주었고, 거기에 누워 바라본 하늘은 끝도 없이 펼쳐지는 내 상상의 스케치북이었어.

한겨울, 세 살 위의 오빠를 따라다니며 정월 대보름날 깡통에 구멍 뚫어 소나무옹이에 송진이 붙어있는 불 잘 붙는 솔가지나무 잘라다 망월이야 소리치며 돌리다 오빠 가죽점퍼(비닐이겠지?)에 구멍이 뻥뻥 나서 엄마한테 혼난 일, 큰 함지박에 집집마다 돌아다니며 대보름 나물이며 오곡밥이며 얻어다가 추운 날씨에 쪼그리고 앉아서 밥 나눠 먹던 일…….

너도 생각나지? 양력 5월 25일이 내 생일인데, 항상 그날은 모내기 하는 날. 그래서 생일 밥이 하얀 쌀밥에 붉은 팥 한 움큼 삶아 얹어내는 못밥이어서 툴툴거렸던, 그러나 해마다 그 즈음이면 항상 못밥이 궁금한 그런 내 생일을 보내곤 했지.

내 어릴 적 오죽헌 살이는 한편의 동화책 같아. 언제나 펴보면 그곳에 백설공주같이, 헨젤과 그레텔 같이 내가 주인공이며 해피엔딩이 되는 동화책.

친구야!

우리 벌써 쉰이란 고개를 넘어 버렸으이. 아들을 걱정하며 내 몸 건강을 챙겨야 하는, 그러나 우리 함께 추억할 어린 시절이, 눈감으면 입가에 미소 번지게 하는 내 고향 강릉이 늘 그 자리를 지켜 주고 있으니 그 무엇이 두려우랴. 그곳이 내 근본이었고 내 인생의 고향이었지, 아름다운 나의 중년, 나의 전성기 오십! 아름답게 당당하게 내 남은 삶을 멋지게 펼치리라.

친구야, 너도 파이팅!

권혜영(權惠英)_ 아버지 직장 덕분에 춘천에서 태어났으나, 일곱 살부터 강릉 살이가 시작되어 종가집에서 순종적인 삶을 살면서 별 탈 없이 유순하게 자랐다. 원주에서 아들 둘 키우면서, 즐거운 오십을, 그리고 행복한 노년을 기대하며 열심히 네트워크를 짜고 있다. 예순의 삶을 두근두근 가슴 뛰며 행복의 삶을 설계하고 있다.

솔향 그윽한 역사를 읽는다

빈틈없이 숨 가쁘게 살아오다가 더위가 한풀 꺾이고 배롱나무가 앞 다투듯 홍자색 꽃망울을 터트리는 가을 초입에 들어서야, 길 떠나고 싶은 마음에 삶이 간지러워지고 낙낙한 한 잔의 차 향기에 남부러울 것 없는 여유도 생겼다.

이런 날 기분 좋게 떠나는 한옥 여행은 시간이 멈춰 선 과거가 아니라 삶을 켜켜이 채워 넣을 수 있는 여백의 흔적들 같아 나를 달뜨게 한다.

그 중에서 즐겨 찾는 강릉의 한옥들은 역사와 전통 문화의 자부심을 지닌 강릉만의 품격이며 고유의 색깔인 것이다.

300여 년을 이어온 99칸 조선 시대 사대부의 고택 명가이며 국가

김윤기 가옥 솟을대문 안쪽

김윤기 가옥 초입

지정 중요 민속자료인 배다리 댁 '선교장' 을 필두로 경포 호수에 인접한 '해운정' 과 붙어있는 고택 심상진 가옥, 강릉의 중심부에 위치하고 있는 유일한 초가인 오규환 가옥, 모산봉 기슭 풍수지리설에 의한 명당이라고 전해지는 최대석 가옥, 학산의 명당자리에 위치한 단아한 아름다움을 갖추고 있는 정의윤 가옥, 조선 시대의 대표적인 여류 시인 허난설헌이 태어난 집터로 알려져 있는 초당마을 이광로 가옥, 못밥과 질밥이라는 대중화된 전통 음식을 선보이며 유명해진 난곡동의 조일현 가옥, 그리고 강릉김씨 후손들이 19대를 이어 터를 잡고 살고 있는 성산면 금산리의 한옥별당 임경당, 강릉 12현의 한 분인 김 열의 아호로 임경당에는 친분이 두터웠던 율곡이 그의 청빈함을 칭송하며 선물했다는 호송설(護松說)이 현판으로 남아있다 또한 역사라는 이름으로 시대적 아류에 편승된 젊은 통한이 서려있는 노암동 김윤기 가옥.

이들 고택들은 그 존재만으로도 강릉이 가진 가치이자 문화이다. 동·서·북향의 등성이 낮은 소나무 숲에 둘러싸인 강릉시 노암동

김윤기 가옥 행랑채

300번지의 고택을 찾아가는 길은 소소한 즐거움을 주는 낯익은 풍경들이 제법 많았다.

노암동 병무지청 옆으로 난 길을 따라 200여 미터 비탈길을 내려가면 오른쪽 도로변에 작은 솟을대문 한옥이 눈에 들어온다 .

'12대문 집' 또는 '송림 댁' 의 택호(宅號)로 불러지고 있기도 한 이 고택은 조선 정조 때 세도가였던 홍국영이 유배 생활을 했던 곳으로 이후 1차 대전 말 중국에서 많은 돈을 벌었다는 고(故) 김윤기 선생이 매입하고 1919년 새로 증 · 건축하였다.

강릉 지역에서 선교장을 포함해 8채의 우수한 집터로 일컬어지는 고택 중 한 곳인 이곳은 너른 평야를 낀 박월리 땅까지 소유하던 만석꾼 집안이었고 지금은 아들인 김익남(82) 선생 내외가 지켜가고 있다.

솔숲을 병풍처럼 거느린 고택의 솟을대문을 들어서면서 가장 먼저 시선을 잡은 건 마당 왼편 홍국영이 심었다고 전해지는 오랜 연륜의 배롱나무 한 그루였다. 아름다운 수형을 자랑하면서 꽃 분홍 봉오

김윤기 가옥 사랑채

리들을 아낌없이 피워 올리고 있는 목 백일홍, 배롱나무는 고택이 주는 아늑한 운치와 함께 코끝을 저리는 생채기처럼 마음 한 녘을 먹먹하게 만들곤 한다.

홍국영……!

그는 이 배롱나무를 보며 무슨 생각을 했을까?

'떠나는 벗을 그리워하다' 라는 배롱나무의 꽃말처럼 정치적 동반자이자 영원한 벗인 줄 알았던 정조와의 신의와 신뢰를 뒤로하고 혈혈단신 아흔아홉 구비 구비 머나먼 대관령 아랫마을 강릉으로 유배를 온 자신의 처지를 서러워하고 원망하지는 않았을까?

다시 돌아갈 날을 손꼽아 기다리며 정조와 함께 펼칠 새로운 개혁정치의 꿈을 키웠던 건 아닐까? 통한에 사무친 그리움만 곱씹다가 지쳐 한양 땅을 향해 피눈물을 쏟지는 않았을까?

1748년 출생한 홍국영은 정조보다 네살이 많았다

그의 집안은 당시 왕실의 외척으로서, 사도세자를 죽음으로 내몰았던 노론 벽파의 핵심인 정순왕후, 사도세자의 비였던 혜경궁 홍씨,

그리고 최고의 권세를 누렸던 홍인한, 홍봉한 등과 같은 풍산 홍 씨로 두 가문과 친인척 관계에 있던 인물이었다.

그래서 영조 48년(1772)에 홍국영이 문과 병과에 급제한 후 세자 시강원 벼슬로 세손이었던 정조를 처음 만났을 때 세손이 느끼는 경계심이 몹시 컸다고 한다.

사실 수많은 역사서 속에는 홍국영, 그가 노론 벽파의 횡포 속에서도 정조를 지켜냈으며 보위에 오를 수 있도록 결정적 역할을 한 킹메이커였고 정조가 개혁 정치를 펼치는데 선도자 역할을 하였다

이때 나이 서른이었다.

왕에게서 무소불위의 권력을 받으며 당대 최고의 세도가로 떠오르기 시작한 홍국영은 그 힘을 남용하기 시작했는데 권력에의 야심으로 누이동생을 정조의 후궁으로 들여보냈지만 얼마 지나지 않아 동생인 원빈이 죽자 권력을 지키기 위해 정조의 후계 구도까지 관여를 하게 되고, 왕후를 독살하려다 발각되면서 유배를 떠나게 되었다.

달이 차면 기울 듯이 홍국영의 세도도 결국 3년을 넘기지 못한 것이다. 이른바 상계군의 옥으로 1780년 정조에게 축출되면서 서른 넷의 나이로 생을 마감하기까지 두 달 남짓 머문 곳이 바로 강릉인 것이다.

개혁파였던 홍국영은 큰 야심가였기에 주변엔 늘 정적이 많았을 것이다

그러므로 오직 믿을 곳은 정조 뿐이었으나 그마저 등을 돌리면서

34살 비운의 권력자이며 주군에게서 잊힌 벗이 되어버렸음에 급격히 무너지면서 정조 5년 화병으로 요절했다.

이처럼 정조를 둘러싸고 주변 인물들과 정치적 이데올로기로 얽히고설켰던 역사 속에서 홍국영은 두 가지 성향으로 분류 된다.

하나는 무리한 세도정치를 이끌며, 자신의 욕망을 위해 물불 가리지 않고 횡포를 일삼던 인물이었으며, 또 다른 하나는 명석한 두뇌와 강한 카리스마로 정조를 위해 목숨을 아끼지 않았던 충신이었다.

강릉시 노암동 소재 문화재 자료 제58호로 지정된 김윤기 가옥을 둘러보자. 실제 홍국영이 살았던 그 당시 집 그대로는 아니었다. 그 집터에 새로이 증축을 해 지어진 집인 것이다.

이 가옥은 행랑채 마당을 건너 문간채가 있는 전체 70칸이 넘는 규모로 강릉에서는 선교장 다음으로 큰 규모의 목조 가옥으로 한국전쟁 때는 강원대학교 분교로도 사용되었다.

솟을대문을 중심으로 판벽으로 된 2칸의 곳간과 행랑방 그리고 마구간으로 구성된 대문간 채가 눈에 띄는데 이곳을 스쳐 지나면 높은 기단이 쌓인 마당이 한눈에 들어온다.

안채를 중심으로는 우측에 사랑채, 좌측에 참방이 있고, 참방에 이어 'ㄱ' 자 배치 형태의 동 별당이 있는데 안채와 마주한 정면에 행랑채가 보인다.

참방 뒤편에 자리한 고즈넉한 동 별당은 자식들이 분가하기 전 집안의 생활 습관을 익히기 위해 사용된 장소였다고 한다.

사랑채
왼편 나무가
흥국영이 심었다고
전해지는 백일홍
마구간
두 칸의 곳간
소슬대문
행랑방
부엌

노암동 300번지
김윤기 가옥

근 300여 년이나 된 전형적인 옛 양반집을 뒤로하고 돌아서는 길, 화려한 대청의 문양과 창호가 눈에 밟힌다.

그 아쉬움으로 차마 발길을 돌리지 못하고 다시 가옥 옆으로 난 좁은 길을 따라 언덕을 오르자 소나무에 둘러싸인 고택의 뒷담 가득 마삭 줄이 등을 대고 햇빛을 가득 받아내고 있었다.

가을바람을 타고 넘나드는 담장 틈새로 솔향이 가득 전해진다.

김경미(金炅美)_어린 시절 유학이랍시고 강릉 땅에 발을 딛더니 이제는 고향이 '강릉이래요' 라고 망설임 없이 말한다. 외교관도 꿈꾸고 피아니스트도 꿈꾸며 살다 KBS 강릉방송국에서 마이크를 연인 삼아 20여 년 넘게 아나운서를 하고 있다. 시를 쓰다 문단에 이름 석 자 올리더니 詩集내고 시집을 가겠다고 간간이 헛공약도 남발하지만 시사정보 프로그램 진행에는 인지도가 제법 있다.

옥계를 출발하다

"말도 안 돼!"

가방을 연 순간 외마디 비명이 절로 나왔다. 머릿속이 노래졌다. 눈을 의심하지 않을 수 없었다. 누군가의 구토로 가방 속은 난장판이었다. 옷가지들은 오물 세례로 엉망진창이 되어 있었다. 전날 밤 술 마시는 친구들을 보며 혹시나 하는 마음에 옷들을 가방 속에 넣어두었던 것이 오히려 역효과였다. '개그콘서트' 표현을 빌린다면 "옷을 가방 안에 잘 챙겨두었는데 누가 그 안에 구토를 해서 당황하셨어요?" 다.

끓어오르는 화를 누르며 범인을 찾았을 때 그때까지도 몸을 가누지 못하던 종대가 "영이야 미안. 옷은 내가 집에 가서 빨아다 줄게"

하며 어쩔 줄 몰라 하고 있었다. 종대의 얼굴을 본 순간, 상황은 정리됐다.

그 이름도 유명한 서클 '용지' 의 수련회가 있던 1980년대 여름. 옥계해수욕장 근처에서 물놀이와 천막나이트에서의 댄스를 마치자 당연한 수순처럼 술자리가 이어졌다. 몇몇 친구가 군 입대를 앞두고 있었기에 다들 주량 이상의 술을 마셨다.

종대도 입대를 앞두었으니 얼마나 많은 술을 마셨을지 짐작이 갔다. 가방 지퍼를 마치 화장실 문 열듯이 열고 볼일을 봤으리라. 친구들은 슬금슬금 내 눈치를 살폈고 화를 참지 못하면 분위기만 나빠질 터. 나는 아주 털털한 사람 흉내를 내며 "괜찮다" 는 선언을 해야 했다.

오물 가방의 찜찜함은 씩씩거리면서 올라탄 기차 밖 풍경으로 깨끗이 날아갔다. 창문 너머 바다는 쉴 새 없이 흰 거품의 파도를 생산해 냈고 눈을 조금만 멀리 두면 들어오는 수평선은 한 편의 시가 되었다. 갈아입을 옷이 없어 자던 차림으로 나온 몰골도 잊은 채 연거푸 감탄사가 터져 나왔다. 모래시계와 해돋이 열차로 유명해진 정동진 기찻길을 그렇게 만났다.

귀곡 산장!

구름에 가려진 달빛이 묘한 그림자를 내려놓는 여름밤. 병풍처럼 서 있는 산과 바다 사이의 굽이진 길을 달리느라 긴장의 끈을 놓지 못하다가 눈앞에 나타난 으스스한 풍경에 순간적으로 움찔했다. 굽이

지긴 했으나 평평한 길로 이어질 줄 알았던 예상을 비웃으며 나타난 언덕길은 공포영화의 한 장면처럼 사람을 빨아들일 것만 같았다. 주변에는 차 한 대 지나가지 않았다.

운전하던 차가 티코였던 것이 오히려 다행이었다. 운전해 본 사람들은 알겠지만 파워핸들이 아니면 곡선 길에서는 일일이 감아주고 풀어야 한다. 핸들 조정이라는 과업(?)이 있었기 망정이지 그렇지 않았다면 그곳에서 얼어버렸을 수도 있었다.

옥계 금진을 출발해 강릉 시내로 오던 길, 비교적 익숙한 정동진이 나오기까지 한참의 시간을 긴장 속에서 보내야 했다. 고속도로로 편안하게 가라던 주위의 충고를 뒤로 하고 낯선 길의 유혹에 빠진 대가로 식은땀을 한참 흘려야 했다. 묘한 것은 그 다음이었다. 공포영화를 즐기는 사람처럼 스릴의 맛을 다시 느끼고 싶어지는 충동이 찾아오곤 했다.

나중에 알게 됐지만 그 길이 바로 한국의 로맨틱 가도로 이름값을 높이고 있는 헌화로다. 공포영화의 한 장면처럼 강렬했던 심곡을 지나는 길. 헌화로는 1998년 완공됐다. 처음 그 길을 갔던 1999년만 해도 그리 알려지지 않았었다.

지금도 강릉을 얘기할 때면 침을 튀겨가며 그 때의 추억을 되살리곤 한다. 몽돌 해변이었던 심곡 앞바다가 그 길을 만든 후 몽돌이 사라졌다는 이야기를 최근에 들었다. 그 여름밤의 풍경처럼 움찔했다.

현모양처?

오만 원 권 화폐는 여성을 모델로 해야 한다는 여성계의 목소리가 높아지던 2004년. 큰 이견이 없을 것이라 예상했던 신사임당이 '현모양처' 라는 네 글자에 발목이 잡혔다. 진보적인 성향의 여성들에게는 양반집 규수에 현모양처로 포장된 신사임당이 최초의 여성 화폐 모델로 부족했던 것이다. 신사임당을 추천하는 내게 한 후배는 '고향이 강릉이라고 신사임당을 주장하는 어이없는 선배' 라는 시선을 던지기까지 했다.

현모양처는 그리 오래된 말이 아니다. 1906년 8월 2일자 '만세보'가 그 시초라고 한다. 전통 사회로부터 여성을 해방시키겠다는 의미에서 시작됐다지만 현모와 양처는 여성 자신을 간과하는 실수를 범했다. 그리고 그 모델에 신사임당을 끼워 맞춘 더 큰 실수가 지금까지 이어지고 있다.

적어도 1906년까지 신사임당은 현모양처가 아니었다. 신사임당의 글과 글씨, 그림에 매료된 학자들이 '군자' 라고 높은 가치를 붙이고자 했던 멋진 시인이며 서예가였고 화가였다.

옥계에 한국여성수련원을 만들려고 강원도가 나섰을 때 신사임당과 한류의 원조 허난설헌을 낳은 강릉시에 여성수련원이 들어와야 한다고 함께 소리를 높였다. 덕분에 2009년 6월 우리나라 첫 여성수련원인 한국여성수련원이 강릉 옥계 금진 바다 앞에서 개원했을 때 짜릿한 쾌감을 맛볼 수 있었다.

신사임당을 현모양처에서 해방시키고 한류의 원조 허난설헌의

헌화가(미상) /신라향가

붉은 바위 끝에
암소 잡은 나의손을 놓게 하시고,
나를 부끄러워하시지 않으신다면,
꽃을 꺾어 바치겠습니다.

신라 성덕왕때 강릉태수의 부인 수로가 바닷가 절벽 위의 철쭉을 꺾어 바칠 자가 없느냐고 물었더니 모두가 불가능하다고 대답하였다. 마침 암소를 끌고 가던 노옹이 수로부인의 말을 듣고, 그 꽃을 꺾고 가사를 지어 바쳤다. (국어국문학자료사전, 1998, 한국사전연구사)

헌화로

이름값을 자리매김하는 일은 아직 현재진행형이다. 멀지 않아 마침표를 찍을 수 있기를 기대한다.

이제는 추억이 된 옥계로부터의 기억들은 지금도 가끔 나를 부른다. 마음 내키는 곳 어디에서 바라보아도 한 편의 그림 같은 바다가 있는 곳. 그 곳에는 그리운 내 청춘과 설레는 미래가 함께 파도가 되어 일렁이고 있다. 그래서 세상의 더께가 버거울 때면 난 옥계를 향해 기꺼이 출발한다.

함영이(咸泳怡)_강릉 출신을 하나의 '브랜드'라고 생각하는 고향바라기. 신사임당, 허난설헌과 같은 거물을 배출했으면서도 여성을 보는 시각에는 다소 아쉬움이 있는 고향에 대한 불편한 마음 덕분에 여성계에 발을 디뎠다. 새누리당 정책위(여성가족위원회) 수석전문위원으로 활동하고 있다. '3040 워킹맘 어디로 튈 것인가'를 출간하는 등 워킹맘에 대한 관심이 많다.

월이와 힘장사 이야기

강릉(江陵), 참으로 아름답고 정겨운 이름이다.

옛것이 살아 숨 쉬는 전통 문화의 고장. 어느 고을을 가도 토박이가 많고 내려오는 풍습이 여전히 곳곳에 존재해 있는 전통성을 이어가는 숨결이 가득한 강릉. 그곳에선 선인들의 향기, 조상들의 숨결을 느낄 수 있다.

내 고향 월호평동(月呼坪洞)은 강릉의 4대산 중 모산봉(母山峯)과 유래가 깊다.

풍수상 명당자리를 자처하는 배산임수(背山臨水) 즉 마을 뒤엔 불하산(拂下山)의 산줄기가 길게 뻗어 있고 마을 앞에는 냇가의 물줄기가 흐르는 형상, 즉 박월천은 모산봉과 덕유봉 사이에 구정천과 학산

천이 만나서 신석들, 월호평(오리동)으로 흐른다. 마을 서쪽 봉우리를 보면 어머니의 품과 같이 따뜻함을 느낀다. 남쪽에는 자상한 아버지의 모습을 볼 수 있는 야트막한 산들이 있고, 북쪽에는 드넓은 평야와 한양을 잇는 길이 뻗어 있고, 동쪽에는 확 트인 동해안과 통해가 있다.

강릉은 4주(主山), 3문(門), 3강(江)으로 나뉠 수 있다. 강릉의 4주산은 당재봉, 시루봉, 모산, 월대산이다. 월호평은 모산에 속해있다. 3문(門)은 강문, 남대천하구(죽도봉), 명선문(溟仙門))이며, 월호평은 명선문(溟仙門)에 속한다. 명선문은 강동의 문으로 해령산 동쪽 바닷가에서 조선조 정조 때 이집두가 명선문(溟仙門)이라 쓴 바위에서 유래한다.

또한 3강은 군선강(群仙江), 흑연강, 산왕강이며, 월호평은 군선강(群仙江)에 속한다. 이곳 군선강은 신라 때 한송정(寒松亭)에 공부하러온 화랑(花郎)들, 영랑(永郎), 술랑(述郎), 남석랑(南石郎), 안상랑(安祥郎)들이 네 무리를 이루어 놀았다하여 군선강으로 불리운다.

강릉의 9산은 모산(母山), 구산(丘山), 금산(金山), 병산(炳山), 운산(雲山), 유산(幼山), 조산(助山), 학산(鶴山), 회산(淮山) 중에서 운산(雲山)이다. 월호평은 운수수조형(雲水垂釣形), 운중선좌형(雲中仙座形)에 위치해 있다. 이곳은 구름 위에 얹혀 있는 듯한 형상으로 명당자리가 많다고 전해온다.

강릉의 3대 평야는 강호평(사천면), 옥계들(옥계면), 월호평들(월호평)이다.

강릉의 3다(三多)는 소나무, 물, 감나무다.

강릉의 토성은 강릉을 본관으로 둔 곽(郭), 김(金), 박(朴), 유(劉), 최(崔), 함(咸), 황(黃)씨이다. 강릉에 본관을 둔 성씨가 생긴 유래는 신라38대 원성왕2년(786년)이후로, 서라벌에서 김주원공(公)이 명주군왕(溟州郡王)으로 부임하여 생기기 시작했다.

나의 시조인 강릉 박 씨의 경우 시조는 박린(朴麟), 자는 봉녀공으로 박혁거세(朴赫居世) 21대 손이며 명주군왕의 후손으로 강릉에 정착하여 살았다. 내 시조인 강릉 박 씨의 입강시조(入江始祖)의 묘 '자검(自儉)' 은 강릉시 저동에 있다.

소선조 중종 때 한급(韓汲, 재임기간 1508~1510)이 강릉 부사로 강릉에 부임한 후에, 강릉 김 씨, 안동 권 씨 토호들에게 부임 인사를 하지 않아 수모를 당하였다. 풍수에 조예가 깊은 한급(韓汲)은 모산봉(母山峰)과 남대천 물줄기에 인재가 많이 나옴을 알고 강릉의 인재 배출을 막으려고 이 모산봉 꼭대기에 올라가 세자 세치를 깎아 내어 강릉에 큰 인물이 나지 않았다. 한급이 몰지각하게 강릉의 기를 꺾은 곳은 여러 군데 찾아볼 수 있다.

또한 일제 강점기 때 민족혼을 절멸(絶滅)하기 위해 모산봉(母山峰) 봉우리 꼭대기 바위에 쇠막대기 4개를 박아 산의 혈로(血路)를 차단하여 강릉의 안산인 모산봉은 많은 수난을 당했다.

모산봉의 산자락에 있는 불하산(拂下山)은 작은 산들과 접해 있다. 모산봉은 어머니가 아이를 안고 있는 형상으로 포근하고 아늑해 보이며, 부와 명예를 떠받쳐주는 봉으로 안산(安山)이라고도 불리 운다. 또한 밥그릇을 엎어 놓은 것처럼 보여 '밥봉' 이라고도 불리며, 이 봉을 보면서 집을 지으면 잘산다는 유래도 전해진다.

월호평동(月呼坪洞)의 지명은 예전에 이곳에 함종 어 씨 정걸, 정직 두 형제가 살았는데 옆집에 참한 월(月)이가 살았다. 이 월이는 예쁘고 상냥하여 문예도 뛰어나 두 형제가 서로 매일 담 너머로 월이를 부르는 소리가 끊이지 않았다한다. 월이가 다른 지방으로 혼인하여 간 뒤에도 두 형제는 월이를 잊지 못하여 불렀다는 아름답지만 아스라한 이야기가 있다. 그 뒤 이곳을 월이를 부르는 평야 즉 월호평(月呼坪)이라 지금까지 불린다.

또한 예전에 갯벌이여서 오리들이 많이 살아 '오리들' 이라고도 한다.

고향 집 앞산에 '독송정(獨松亭)' 이란 산이 있다. 그 곳 독송정엔 큰 바위가 있었다. 그 바위는 영험하여 산 위에서 내려다보는 쪽의 동

월이야~

예쁘고
상냥한
월이

월이야~

월이야~

끊임없이 월이를 부르는
함종 어씨 정걸, 점직형제

월이야~

월호평동(月呼坪洞) 유래

네가 그 해 농사가 잘 된다는 속설이 있어 마을 사람들은 자기 마을을 내려다보게 하기 위해 마을의 힘센 장사(壯士)들을 불러 모아 밤마다 쇠바우를 자기 마을로 바라보게 놓으려는 분쟁이 끊이지 않았다 한다. 특히 농사철만 되면 독송정에 올라 쇠바우를 돌려놓았다고 한다. 그 아래 마을은 오리돌, 청량동, 납돌(신석돌)로 나뉘어 있었다. 결국 마을의 박 씨 어른이 3동네의 뜻을 모아 쇠바우 옆에 마을 사람들의 부귀와 마을의 안녕을 염원하는 정자를 지어 해마다 정성스럽게 농사철이 돌아오면 제를 지냈다. 그 뒤로부터 3동네가 모두 기름진 3대 평야인 월호평야에서 쌀농사를 지어 많은 부자들이 나왔다 한다.

지금은 쇠바우의 정자는 없어졌지만 내 어린 시절 해발 200m 정도인 정상에 올라가면 넓은 잔디밭이 있었다. 양지바르고 햇살이 들어 어린 동무들과 함께 놀았던 기억이 난다. 그 시절 온통 산 정상엔 소나무가 빽빽이 우렁찼지만 정상의 넓은 대지(약 500평)에 햇살이 잘 스며들어 아늑함을 느끼곤 했다. 어린 시절 겁 많은 나도 이상하게 그곳에 올라가면 편안하고 즐겁게 놀았던 기억이 떠오른다.

우리 박 씨 문중 어르신들의 숨결이 흘렀던 것 같으며, 아마 그 곳이 명당자리이며 그 정기를 내려 받아 우리 집도 부호의 소리를 들었던 것 같다.

또한 예로부터 월호평야는 기름지고 드넓은 평야 한 가운데 자리 잡고 있었으며, 괘방산 아래에 부호들의 곳간은 곡식들이 그득하여 배고픈 호랑이들이 자주 내려와 피해를 입혀 마을 어귀에 오리 형상의 솟대를 3개 세워 호랑이의 피해를 줄였다는 이야기도 있다.

물론 지금 그 솟대의 자취는 사라졌지만 월호평동은 내 마음에 영원히 남아 있다.

박용천(朴容仟)_강릉시 강남쪽 월호평동에서 태어나 정미소를 운영하는 부모님 덕에 많은 사람이 왕래하는 곳에서 생활하여 지금도 여럿이 함께 하는 일을 좋아 한다. 공부보다 음악이 좋아 브라스밴드 그룹밴드를 하였고 대학에서 디자인을 전공했다. 현재는 남양주시에서 석유화학업계 유통회사(신호유화)를 운영하고 있다.

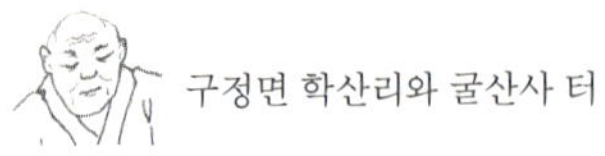

네 개의 돌기둥에 담긴 숨결

여행은 발견하고 채우는 것이다. 그것은 가진 것을 비운 자리에 새로운 경험과 느낌을 채우는 과정이다. 여행의 성격을 이렇게 이해하는 사람에게 학산의 굴산사 터는 제대로 된 여행을 하기에 손색없는 곳이다. 그 곳에는 지나간 긴 시간과 그 속에서 살다간 사람들의 삶이 배어 있어 발견하고 채우는 일이 자연스럽게 이루어진다.

노암초등학교 뒷길을 따라 나지막한 언덕길을 몇 굽이 돌면 군부대를 지난 곳에 제법 넓은 들판이 나온다. 그 들 한 켠에 높이 솟은 돌기둥 두 개가 보이는 곳, 거기가 옛날 굴산사가 있던 곳이다.

굴산사 여행은 석천(石泉)이라는 우물가에서 시작하는 것이 좋다. 통일신라가 내리막길을 걷던 천이백년 전의 어느 날 이 곳 학산의 젊은 처녀가 우물에 물을 길러 갔다. 바가지로 깊은 우물의 물을 퍼올렸더니 바가지 속에 해가 잠겨 있었다. 물을 버리고 다시 떴으나 바가지 속 해는 여전히 사라지지 않았다. 몇 번을 반복하던 처녀가 바가지의 물을 마시자 그때부터 태기가 있었고 달이 차자 사내아이가 태어났다. 처녀는 이웃의 눈을 부끄러워해 아이를 뒷산의 학바위 밑에 버렸다. 죄책감에 이튿날 바위를 찾아갔더니 학이 날개를 덮어 아이를 감싸고 산짐승들이 아이에게 젖을 먹이고 있었다. 처녀는 예삿일이 아니라 여겨 두려움에 떨면서 아이를 다시 데려와 키웠다. 해를 먹고 낳은 아이라 이름을 품일(品日)이라 지었으니 물속의 맑은 해에 어울리는 이름이었다.

열다섯이 되자 소년은 스님이 되겠다는 뜻을 품고 고향을 떠났고 스물한 살 되던 해에 바다를 건너 당나라로 갔다. 이 시기 중국에는 선불교가 만개해 있었다. 초조 달마대사로부터 시작된 중국의 선불교는 6대에 이르러 신수대사의 북종선과 혜능대사의 남종선으로 갈라졌는데, 품일은 남종선의 우뚝한 거목인 마조선사의 제자 제안스님한테서 공부를 했다. 그 무렵 중국 강서지방을 근거지로 한 남종선은 마조선사 문하에서 뛰어난 선승들이 배출되면서 이른바 조사선(祖師禪)의 선풍이 형성되었다. 조사선은 평범하고 소탈한 일상 생활 속에서 선(禪을) 실천하는 유파로서 인간이 본래 갖추고 있는 청정한 성품, 곧 평상심이 바로 부처라는 가르침을 펼쳤다. 조사선 계열의 제안스님에게서 수년 간의 가르침을 받은 끝에 품일은 "도는 닦

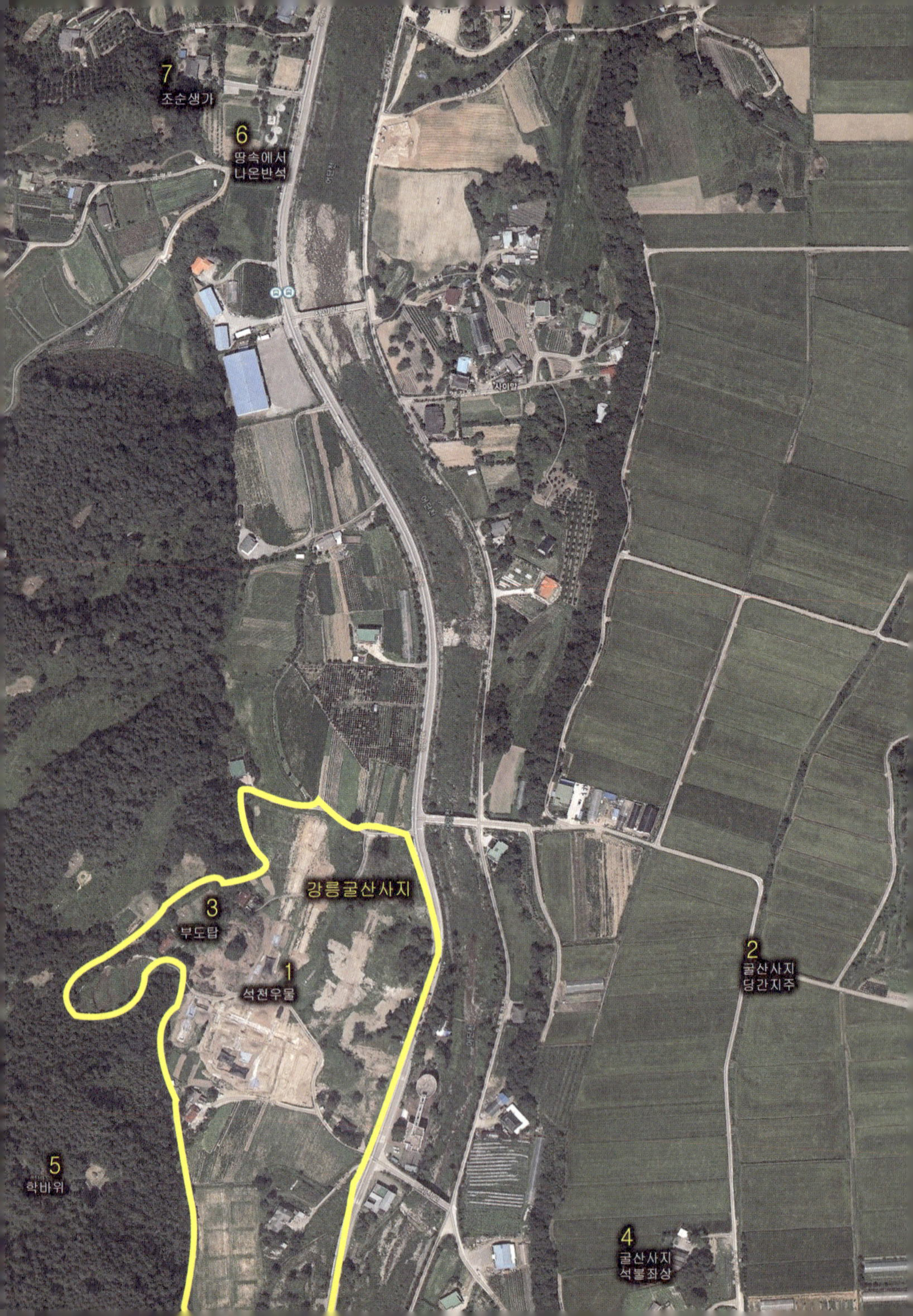

7
조순생가
6
땅속에서
나온반석
강릉굴산사지
3
부도탑
1
석천우물
2
굴산사지
당간지주
5
학바위
4
굴산사지
석불좌상

1. 석천우물

2. 깃발을 달았던 5.4m 굴산사지당간지주 (보물 제86호)

3. 부도탑 (보물 제85호)

4. 굴산사지 석불좌상

굴산사 범일국사는
강릉단오제에서 모셔지는
'대관령국사서낭신'이 되었다.

5. 학바위

6. 땅속에서 나온 반석 (조순 글씨)

7. 조순 생가

는 것이 아니라 더럽히지 않는 것이며 부처나 보살에 대한 소견을 내지 않는 평상의 마음이 곧 부처" 라는 깨달음을 얻었다. 요즘 절이나 식당에 가면 달마대사의 모습을 그린 그림에 '평상심시도(平常心是道)' 나 '즉심시불(卽心是佛)' 등의 글귀가 있는 것을 자주 볼 수 있는데, 이는 조사선의 가르침을 핵심적으로 보여준다. 품일의 깨달음과 그가 이후에 베푼 가르침 역시 큰 틀에서 이와 궤를 같이 하는 것이었다.

서른 네 살에 범일(梵日)이라는 법명으로 신라에 돌아온 품일은 3년 후 이곳 학산의 사굴산 아래에 굴산사라는 절을 짓고 이후 40년간 후학들을 가르쳤다. 그리고 비슷한 시기에 앞서거니 뒤서거니 하며 중국에서 선불교를 공부하고 돌아온 홍척, 혜철 스님 등 선승들이 전국에 9개의 이름 있는 선종사찰을 세워 이른바 구산선문의 시대가 시작되었다. 범일이 세운 굴산사 역시 사굴산파라는 이름으로 구산선문의 한 기둥을 이루면서 한국 불교사에 깊은 발자국을 남겼다.

범일이 활동하던 통일신라 말기는 정치적 변혁과 함께 종교와 사상에서 혁신적인 기운이 싹트던 때였다. 당시 신라의 중앙정치는 매우 혼란스러웠다. 범일이 태어나기 30년 전에 궁중반란으로 혜공왕이 시해되고, 그 뒤를 이어 왕위에 오른 선덕왕마저 5년 만에 세상을 떠나자 상대등 김경신이 왕위 계승 서열이 앞서는 태종무열왕의 6세손을 몰아내고 원성왕으로 즉위했다. 왕위계승전에서 밀려난 무열왕의 6세손은 지금의 강릉으로 이주하여 명주군왕으로 책봉되었으니 그가 곧 강릉김씨의 시조인 김주원 공이다. 그리고 그의 아들 김헌창과 손자 김범문이 차례로 조정에 대항하다 모두 진압되고 무열왕계는 신라의 중앙정계에서 완전히 세력을 잃게 되었다. 삼국통일을 주도하고 신라의 문화적 융성을 이끌었던 무열왕계의 몰락과 아울러 신라의 강건한 기풍도 쇠락하기 시작했다. 수시로 왕권 쟁탈전이 벌어지면서 부패한 귀족들은 권력다툼에 몰두하고 백성들의 삶은 나날이 피폐해졌다. 오랫동안 신라를 지배해 온 교종 불교는 귀족들의 전유물이 되었고 백성들의 삶과 기대로부터 멀어져갔다. 경전공부와 계율을 중시하는 교종의 교리는 일반 백성들로서는 배우기도 어렵고 지키기도 힘들었다. 그러자 공부보다는 마음 수행을 중시하는 선종이 그 틈을 메우면서 민중들로부터 큰 호응을 받았다. 사람의 마음이 곧 부처의 마음이고 누구든지 마음을 닦아 부처가 될 수 있다는 선종의 교리는 못 배우고 배 곯는 백성들 사이에 폭넓은 지지세를 형성했다. 범일의 굴산사 역시 강릉에서 백성들의 든든한 의지처가 되었고 사세도 크게 불어났다.

선종은 지방의 호족이나 유력자들로부터도 후원과 시시를 받았다. 그들은 선종사찰을 적극 지원하고 선승들을 초빙하여 지역에서 불교문화를 꽃피웠다. 범일이 학산에 절을 세우게 된 것도 당시 강릉 지방을 다스리던 명주도독의 초청에 의한 것이었다. 범일이 지방관의 초청에는 응하면서도 경문왕, 헌강왕, 정강왕 등 3대에 걸쳐 왕으로부터 국사로 초빙하겠다는 제안을 받고도 이에 응하지 않은 것은 선종과 지방세력과의 협력 관계를 상징적으로 보여준다.

동해안은 원래 선종의 고향이다. 이 땅에 선종을 가장 먼저 들여온 이는 범일의 대선배라고 할 수 있는 도의선사였다. 도의는 범일보다 50년 가량 앞서 당나라에 건너가 선불교를 배웠고, 귀국하여 구산선문 중 가장 먼저 형성된 가지산파의 시조가 되었다. 도의는 신라의 귀족사회에서 선종 사상을 전파했으나 교종에 깊이 물든 귀족들은 그를 귀신 들린 사람으로 취급했다. 할 수 없이 그는 경주를 떠나 동해안 길로 북행을 거듭하여 양양에 절을 세우고 그곳에서 제자들을 길렀다. 옛 속초공항 옆길을 따라 서쪽 설악산 자락으로 계속 들어가면 진전사라는 절터가 나오는데 그곳이 도의가 정착한 곳이었다. 몇 년 전 나의 친척 되는 비구니 스님이 진전사를 중창하겠다는 뜻을 세우고 불사를 시작했으나 돌연히 병으로 돌아가신 인연이 있는 곳이라 진전사는 가톨릭 신자인 내게도 각별한 곳이다. 도의의 진전사에 이어 범일에 의해 굴산사가 건립됨에 따라 동해안에서 선종의 세력은 더욱 커졌다.

지금 굴산사에서 불교유적을 찾기는 쉽지 않다. 그러는 중에도 우리는 두 가지 유물을 찾아볼 수 있다. 앞서 얘기한 들판 가운데 높이 서 있는 돌기둥과 북쪽 마을 뒷동산에 있는 부도이다. 이 돌기둥의 정식 명칭은 굴산사지 당간지주이다. 당간은 나무나 철로 만든 높은 기둥으로 그 맨 꼭대기에 깃발을 달아 멀리서도 그곳이 사찰임을 알리는 역할을 한다. 이 당간을 고정하기 위해 돌로 두 개의 기둥을 만들어 세운 것이 당간지주이다. 굴산사의 당간지주는 높이가 5.4미터에 이르는 것으로 우리나라에서 가장 크다. 특별한 장식 없이 소박한 형태로 논 가운데 우뚝 솟아 있어 그 위용만으로도 보물이 될 가치가 충분하다(보물 제86호). 나는 이 거대한 돌기둥을 딛고 높이 서 있는 당간의 꼭대기에서 깃발이 펄럭이는 모습을 상상하면서 유치환 시인의 '깃발' 을 떠올렸다.

굴산사의 북쪽 산자락에는 사람 키를 넘어서는 부도가 있다(보물 제85호). 양식 분석을 좋아하는 학자들은 이를 고려시대에 만들어진 것으로 추정하나 나는 그냥 범일국사의 부도라고 믿고 싶다. 부도는 입멸한 고승의 사리나 유골을 보관하는 석조 기념물이다. 불교의 역사에서 부도는 위대한 발상의 전환에서 비롯된 발명품이다. 왜냐하면 그것은 갓 죽은 한 인간을 부처와 같은 존재로 대우하는 상징이기 때문이다. 교종의 세계에서 개인은 너무나 왜소하여 그의 죽음은 그저 지나가는 하나의 사건에 불과하다. 그러나 선종의 세계에서는 아무리 미천한 인간이라도 깨달음을 얻으면 부처가 될 수 있다. 더욱이 오랜 수행을 거친 고승이라면 부처의 본성에 훨씬 가까워졌을 것이므로 그에 합당한 예우가 필요하다. 그리하여 선종이 전래된 이래 각 선문에서는 존경받는 스님들이 입멸하면 그 사리나 유골을 부도에 모셨다. 그리고 그가 부처가 되었으리라는 믿음이 이에 더해졌다. 그러므로 부도는 선불교와 깊이 결합된 사상사적 의미를 지니는 유물의 지위를 가지게 되었다.

불교의 교리로 본다면 부도에 모셔진 범일은 부처가 되었거나 그에 가까운 어떤 존재가 되었어야 한다. 그러나 강릉 사람들은 그가 대관령의 산신이 되었다고 믿었다. 매년 음력 5월에 열리는 강릉단오제는 '대관령국사서낭신' 을 모셔오는 것으로 시작하는데 이 서낭신이 바로 범일국사이다. 불교와 민속신앙의 결합은 우리나라 불교의 특징적인 전통인데 그렇게 범일국사는 강릉의 수호신이 되었다.

부도를 보고 내려오는 길에는 꼭 이 마을의 지세를 살펴보아야 한다. 이 작은 고을에서 박사만 스물여덟 명이 배출되었다. 리(里) 단위 부락으로는 전국에서 유일하게 마을 소식지를 내는 곳이고 예순이 넘은 어르신들이 뮤지컬 공연단도 만들었다. 그러니 이 푸근하고 별난 동네의 형국을 찬찬히 훑어보는 것도 의미 있는 작업이다. 안타깝게도 내게는 지관의 안목이나 좌청룡과 우백호를 분별할 재주는 없으나 이 곳 사람들의 인심이 지세를 능가한다는 것은 알고 있다. 이 마을 출신인 조순 전 서울시장의 마음 씀씀이는 그런 인심의 전형을 보여준다. 십일년 전 태풍 루사가 동해안 전역을 덮쳤을 때 이 마을에도 몇 시간 동안 기록적인 폭우가 내려 인근의 저수지가 터지고 마을의 너른 터전이 모두 폐허가 되었다. 그러자 조순 선생은 자택의 뒷산을 헐어 그 흙으로 쓸려나간 농토를 복구하도록 했고 마을의 전답은 모두 제 모양새를 되찾았다. 그것은 유명한 경주 최부자댁의 노블레스 오블리제에 비할 만한 것이었다. 그런데 산을 헐었을 때 길쭉한 바위가 튀어나와 반으로 쪼개졌다. 그냥 쪼개진 것이 아니라 대패로 민 것처럼 반듯한 모양으로 한쪽에 넓은 면을 가진 좌우 대칭의 돌 두 개가 생겨났다. 조순 선생은 그 돌에 이렇게 새겨서 집 앞에 세워두었다. 이 두 개의 돌기둥은 훗날 굴산사 당간지주에 비견되는 문화재가 될지도 모른다. 그리하여 학산에는 네 개의 돌기둥이 서 있다.

遵道行己 奉天受命

도를 따라서 몸을 행하고 하늘을 받들어 명을 받노라

오세인(吳世寅)_양양 화상천변 달내(月川)에서 나고 자랐다. 고교 시절 처음 경포대에 올랐을 때의 작은 홍분에 이끌려 문화와 역사에 대한 관심을 키웠다. 전국의 거의 모든 시·군을 다니며 곳곳의 인문지리를 사랑하게 됐다. 1992년 검찰에 들어와 20년 이상 검사생활을 했고 지금은 대검찰청에서 근무하고 있다.

단오제 역사 아시나요!

강릉 사람들에게 성내동 광장은 참 특별한 곳이다. 이곳은 전통시대 강릉 읍성의 문 밖 지역으로 옛날부터 사람들이 많이 모이는 장소이기 때문이다. 이곳은 지금으로부터 약 100년 전 강릉 지역에 근대 문명이 유입될 때 가장 먼저 그 영향을 받았다. 1930년대 버스 회사 등 근대 교통 서비스 시설이 자리했던 곳으로 1963년 구 시청 앞 경강로가 개설되기 전에는 대관령을 넘어 온 차량들이 이곳으로 도착했었다. 1970년대 버스 터미널이 교동지역으로 옮겨가기 전까지는 이곳이 교통의 중심지였었다.

성내동 광장은 중앙시장에 닿아있어 사람들이 모이는 곳으로 3·1 운동 시 농민들이 궐기했던 곳이기도 하다. 그리고 1960년대부터 강

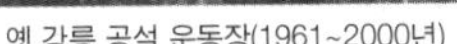

옛 강릉 공설 운동장(1961~2000년)

남사교와 단오장 (강릉단오회관)

릉 공설운동장과 함께 시민들이 모이는 집회의 공간이기도 했다. 지금의 제일고등학교와 중앙고등학교가 각각 상업고등학교, 농업고등학교 시절의 많은 사람들이 강릉 단오제와 함께 추억하는 곳이다.

30여 년 전 나의 고교 시절, 성내동 광장 주변에는 시청, 시민관, 동명극장, 강릉극장이 있었고 택시들이 모이던 곳으로 사람들은 자연스럽게 택시부 광장으로 불렀던 것 같다. 지금도 많은 사람들이 그렇게 부른다.

광장 남쪽으로 남산교를 건너면 노암동 강릉 공설운동장 자리 남쪽엔 2004년 문을 연 강릉 단오문화관이 있고 나머지 지역은 2008년 단오공원으로 바뀌었다. 북쪽으로는 임영로로 인영관, 천주교 임당 성당, 서부시장을 지나 이명고개에 닿는 길이다. 동쪽으로는 중앙시장 금방 골목이 이어지고 서쪽으로 남문동 가구 골목이 있다. 2000년대 접어들면서 교동 택지가 조성되기 전까지는 강릉에서 가장 붐비는 중심지였던 곳이다.

고교 시절 나는 먼 외가 친척집이 있었던 노암동 차돌백이 마을에서 임영로를 따라 화부산 이명고개까지 걸어서 학교를 다녔다. 어떤 날은 자전거를 타기도 했지만 대부분 걸어 다녔다.

당시 강릉고등학교가 노암동에 있었던 시절이었으므로 아침에 집을 나서면 강릉고등학교 학생들이 교육청 언덕길을 떼를 지어 오르고 있었다. 남산교를 지나서 동명극장 앞을 지나면 개봉 중인 그리고 개봉 예정인 영화의 대형 그림판을 보면서 걸었다. 택시들이 줄지어 서 있는 광장을 지나면 다시 강릉극장 골목을 살피면서 경강로와 만나는 네거리에 닿는다. 네거리를 건너면 지금 임영관 터에 있었던 강릉경찰서 입구 정문을 지키는 경찰관의 모습은 언제나 굳어 있었다. 임당동 천주교 성당을 지나 다시 교동 네거리를 지나면 당시 강릉상고 스카우트 학생들이 거리에 나와서 수신호를 하는 모습을 볼 수 있었다. 법원, 검찰청 입구를 지나 이명고개에 이르면 내가 다니는 학교의 스카우트 친구들이 역시나 호각을 불며 교통 정리를 하고 있었다. 임영로를 걸을 때마다 30년 전 등굣길의 모습이 떠오른다.

고교 시절 '석류문학회' 라는 문학 모임이 있었다. 나도 그 멤버였다. 석류문학회에서는 매년 겨울방학을 앞두고 시화전을 열었다. 고등학교 2학년 때 경강로 신영예술극장 건너편 중소기업은행 지하에서 시화전이 열렸다. 그때 내 작품은 "갈잎 깔린 길을 갑니다" 였다. 중학교까지 나는 정선 임계에 살았다. 중학교를 마치고 강릉에 있는 명륜고등학교에 입학할 때까지는 내 영혼의 모두는 임계에서 정선 가는 큰 너근령 갈나무 숲 그곳이었다. 초중등 시절 내 유년의 꿈은 지리부도의 지형도에서 연두색으로 칠해지는 낮은 평지 지역에 사는 것이었던 것 같다. 그러면서도 고향을 떠나보니 지형도에서 고동색으로 칠해지는 산 속 고향이 금세 그리워지곤 했었다. 시화전에서 내 작품은 아마도 그런 내용이었던 것 같다.

학교 수업이 끝나는 저녁 무렵 시화전이 열리는 곳에 당번을 정하여 자리를 지켰었다. 일주일 정도 전시 기간 중 절반 정도 내 작품 앞에 서 있었던 여학생이 있었다. 전시회 마지막 날에 그 여학생의 이름을 물었다. 이웃 여자고등학교 1학년생이었다.

겨울방학이 끝나고 나는 고3이 되었다. 그 여학생에게 편지를 썼다. 다시 일주일 정도 지나 답장이 왔다. 다람쥐 쳇바퀴 돌 듯 반복되는 고3의 일상을 잘 이겨내라는 격려의 내용이었다. 때로는 우편으로 인편으로 편지를 주고 받으며 고교 3학년을 보냈다. 학력고사가 끝나고 대학 입학이 결정된 후 친구들이 그 여학생의 자취방을 알아내고 나를 그 집 앞까지 데려다 주었다. 그리고 그 여학생을 불러 나를 만나게 해주었다. 그 여학생은 당시 강릉상고 후문 쪽 어딘가에 살고 있었다. 우리는 추운 겨울날 덜덜 떨며 골목길 가로등 아래에 서서 오래도록 이야기를 나누었다.

숨어서 우리를 지켜보았던 친구들이 나중에 참 한심하다고 했다. 다음 만날 땐 친구들의 코치를 받아서 서부시장 그리고 임영로 임당동에 있었던 제과점 우미당에서 만나기도 했었다. 빵 두어 개 시켜놓고 일곱 여덟 시간씩 앉아있었으니 그때 그 빵집 주인은 우리가 얼마

빵 두어 개 시켜놓고 일곱 여덟시간씩 앉아있었으니
그 때 그 빵집 주인은 우리가 얼마나 미웠을까?

나 미웠을까? 율곡제 백일장에서 만나고 석류문학회 시화전에서 만났던 그 여학생이 내 아내가 되어 함께 살고 있다. 화부산 이명고개에서 남산교 차돌백이 마을에 이르는 그 길, 잊을 수 없다.

고등학교 3년을 그렇게 걸어 다녔던 임영로, 그 길가를 오가며 살고 있다. 남산교, 남대천 단오장, 성내동 광장, 성남동, 남문동 등의 지역은 '강릉 단오존' 이다. 내가 사회인이 되면서 '강릉 단오제' 와 인연을 맺고 그 주변을 오가며 살고 있으니 인연의 길에서 사람의 일은 알 수 없다. 고교 시절 지나는 사람들의 눈치를 살피며 차가운 겨울 가로등 아래서 벌벌 떨며 만났던 그 사람과 함께 걷는 길이다. 내겐 추억의 길이고 삶의 길인 '임영로' 를 중심으로 단오장, 남문동, 성남동 길, 나는 늘 이 길을 걷는다.

지금이야 강릉 지역 학생들이 학교별로 하루 이틀 단오장 견학을 하지만, 그 시절엔 청소년들에게 단오장에 가는 것이 허락되지 않았다. 진짜 범생이었던 나는 일탈이란 정말 해서는 안 될 일로 여겼었다. 그러했기에 고교시절 강릉 단오제에 대한 기억이 거의 없다. 당시 국어 선생님이 단오장에서 펼쳐졌던 '승무' 에 대하여 들려주었는데 그것으로 단오장 모습을 상상할 뿐이었다. 고교 2학년 때 단오제가 끝나고 한참 지나서까지 그 길가에서 노점을 지키던 사람들의 영상이 남아있다. 하굣길에 남산교 위에서 책을 파는 사람도 있었다. 당시 2,000원을 주고 5권짜리 삼국지를 사서 읽었던 기억이 있다.

강릉 단오제에 대한 청소년기의 내 기억은 이것이 전부이다. 사회인이 되어 강릉 단오제와 관련한 일을 하며 사는 내 모습도 어쩌면 아이러니 그것이다.

'강릉 단오제' 속에서 강릉 사람들은 추억을 되새김하고 이야기를 만들고 미래를 꿈꾼다.

1990년대 지방자치와 함께 '축제' 는 새로이 무성하게 뿌리 내리고 성장하고 있다. 그런데 강릉 단오제는 그런 류의 축제와는 다르다. 고대 · 전통시대에 지배자가 집단의 결속과 안녕을 위해 기원하는 의식을 열고 피지배자를 위해 한턱 베풀던 한바탕 잔치 마당이 고래의 축제이다. 강릉 단오제는 그것에 뿌리를 두었고 2천여 년 동안 강릉의 영화와 함께해 온 마당이다.

강릉 단오제는 우리가 근래에 만든 축제가 아니라 우리를 잉태하고 키워온 터전이라고 생각된다. 그 가운데 강릉 사람들의 무수한 이야기가 있고 삶이 있다. 더러는 매끄럽지도 정돈되지도 못했다. 본능적으로 모여들고 흩어지는 강릉 사람들의 삶의 숲이다. 강릉 단오제는 2005년 유네스코에서 선정한 "인류구전 및 무형유산 걸작" 의 하나가 되었다. 사람들은 강릉 단오제가 세계 무형유산이 되고 그것에 맞는 새로운 글로벌의 옷을 입어야 한다고 한다.

나 혼자의 생각에 강릉 단오제가 1990년대 초의 혼잡하지만 자연스러웠던 그 모습을 그대로 가지고 있었더라면 정말 기가 막힌 그 어디에도 없는 축제가 되었을 것이라 생각된다.

축제가 준비되고 실행되는 과정이 좀 더 치밀하게 개선되어야 하겠다는 생각을 하지만, 보여주기 위한 바뀜이 아니라 나름의 모습을 잘 지켜갔으면 하는 생각도 해 본다. 30년 전 과거를 추억해본다기보다는 내 고향, 우리의 고향 강릉을 늘 걸으며 도시의 일상을 생각할 기회를 가질 수 있음에 감사한다.

김흥술(金興術)_이름에 취하여 사는 고향이 둘인 고향지킴이. 첫 고향은 너무도 큰 그리움에 목매고 살아 '너 그리워 너 그리워' 큰너근령이 있는 아리랑 정선. 둘째 고향이자 마지막 고향은 강릉. 그래서 고향 강릉 지킴이로 살고 있다. 외모는 전혀 비문화적이지만 강릉문화 강릉지킴이 강릉시청 학예연구사이다. 보고 듣고 냄새 맡고 느끼는 '강릉' 을 사랑하고 아파하며 강릉에 살고 있다.

남대천 뚝방길 길을 걸으며 길을 깨닫다 __ 이옥선 / **주문진** 진한 비린내와 짠한 그리움 __ 김태희 / **연곡천** 추억 속의 풍경 길을 걷다__김동승 / **어린 시절의 강릉** 추억의 보물 상자를 열다__백선종 / **남대천 에피소드** 힘 들때 위로해 주는 손길__김순기 / **남대천의 보(洑)** 아이들의 빛나는 여름 이야기__민병선 / **경포 호수가 작은 의자** 사랑의 운명을 결정하다!__최성희 / **용강동 시장** 그 시절 친구들은 그 도랑을 기억할까?__장진원

제2부

감자바우들의 고향

길을 걸으며 길을 깨닫다

길은 왜 여러 갈래인가? 난 늘 그게 불만이었다. 한 갈래의 길만 있다면 그냥 그길로 쭉 따라 가면 그만인 것을 여러 갈래의 길은 날 피곤하게 했다. 내가 가야 할 길을 가다보면 다른 사람이 가는 저 길엔 무엇이 있을까, 궁금하게 하게 하는 것까지는 좋은데 그곳은 내가 가는 곳보다 더 환희에 찬 무엇이 있을 것만 같은 기분은 내가 가고 있는 길을 만족하지 못하게 하는 무엇이 있었다.

초등학교 때, 교문을 나서면 길은 크게 두 편으로 나뉘어졌다. 물론 그 사이사이 더 작은 갈래 길도 있었겠지만 크게 나누면 그렇다는 것이다. 농업고등학교가 있는 쪽으로 내려가는 길과 시내 방향으로 올라가는 길. 나는 농업고등학교가 있는 쪽으로 내려가야 했다. 그런데 그쪽으로 가는 아이들보다 그 반대 방향으로 가는 아이들이 훨씬 많았다. 난 교문에 서서 늘 반대 방향 쪽을 바라보는 버릇이 생겼다. 그곳으로 가면 신나고 기쁜 일이 많을 것 같았다. 그리고 나도 그쪽으로 가고 싶었다.

초등학교 4학년 때 교동으로 이사를 하면서 나도 비로소 그쪽으로 가는 행운을 얻게 됐다. 그런데 막상 가 본 그 길은 내가 다니던, 가을이면 들녘에 노랗게 익은 벼가 출렁이고 길가엔 코스모스가 흐드러지게 피던 그 길보다 훨씬 못했다. 그 때 알았어야 했다. 지금 내가 가고 있는 이 길이 가장 좋다는 걸.

그러나 그러지 못했다. 그 버릇은 여전히 남아서 저 길로 한 번 가 보고 싶다, 하는 생각을 습관처럼 하곤 했다. 고등학교 때, 국어 교과서에 나왔던 프로스트의 '가지 않은 길' 이란 시는 어쩌면 그런 내 마음을 그대로 옮겨 놓았던지.

> 노란 숲 속에 길이 두 갈래로 났었습니다.나는 두 길을 다 가지 못하는 것을 안타깝게 생각하면서, 오랫동안 서서 한 길이 굽어 꺾여 내려간 데까지, 바라다볼 수 있는 한 멀리 바라다보았습니다.

그런 내게 안성맞춤인 길이 있었으니 바로 남대천 뚝방길이었다. 그 길은 한 줄로 쭉 뻗어 있어서 갈등할 필요가 없었다.

어느 날, 난 그 길을 따라 가 보기로 마음먹었다. 출발은 남대천 다리를 기점으로 고아원이 있는 쪽으로 정하고 무작정 걷기 시작했다. 부드럽고 달콤한 바람이 불던 봄날이었을 것이다. 길가에 하얗게 핀 개망초며 노란 달맞이꽃은 좋은 길동무가 되어 줬다.

이제 어느 쪽으로 가지, 저쪽으로 가 볼까, 망설일 필요가 없는 길. 그냥 쭉 따라가면 되는 길. 옆으로 흐르는 내엔 그 때만 해도 맑은 물이 흘렀고 하얀 벽에 초록색 지붕의 고아원은 내게 참 예쁜 집으로 보였다. 과수원에 조롱조롱 맺혔던 풋과일들이며, 멀리 보이는 농부들의 부지런한 손놀림. 저렇게 부지런히 살아야지 싶기도 했고, 그래도 허허로울 그들의 인생이 가엾기도 했다. 그들의 인생 속으로 들어가 본 적도 없으면서 그렇게 생각한 건 간혹 그들이 부르는 노랫소리 때문이었다. 노동의 고단함을 잊기 위해 불렀을 그 노랫가락이 그렇게 슬프게 들릴 수가 없었다.

뭐니뭐니해도 그 길의 절정은 강물이다. 아이들의 노랫말처럼, 시냇물이 모여서 강물이 되고 강물이 흘러서 바다로 간다는 건 알고 있었지만 그것을 내 눈으로 직접 본 그 광경을 뭐라고 표현하면 좋을까. 지금도 그 때의 그 야릇한 황홀감이 그대로 느껴지는데 그걸 다 표현하지 못함이 아쉬울 따름이다. 이런 세상도 있구나. 내가 아는 세상이 다가 아니구나. 그 땐 지금처럼 집집마다 차가 있어서 저녁 먹고 바람 쐬러 바닷가를 한 바퀴 돌던 시대도 아니고 바다란 고작 한여름 마음먹고 경포대나 안목 등 해수욕장으로 가 본 게 고작이었던 내게 이렇게 내 발로 걸어서 만난 그 지점은 그냥 바다라기보다 자연의 순리, 인생의 곳곳에서 만나게 될 경이로움, 뭐 그런 거였다.

그냥 쭉 따라가면 되는 길.

그 황홀감을 잊지 못해 그 길은 내게 종종 특별한 외출이 되어 줬다. 감수성이 예민했던 그 시절, 그 길을 걸으며 얼마나 많은 생각들을 했던지. 물론 그 반대 방향으로도 가 봤다. 이제 저 길로 가면 무엇이 있을까, 궁금해 하고만 있을 나이는 아니었으므로 남대천 다리를 중심으로 공설 운동장이 있던 쪽으로 방향을 바꾸어 본 날도 있는 것이다. 그 길은 초등학교 때 회산으로 소풍을 가던 길이기도 했고, 축구 시합이라도 있는 날에는 응원을 하러 공설 운동장으로 가던 길이기도 했다. 성덕 초등학교를 나온 나는 건너편 뚝 길로 오는 옥천 초등학교와 서로 마주보며 신경전을 벌이기도 했는데 경기는 이미 그때부터 시작이었는지도 모르겠다.

이야기가 잠깐 다른 곳으로 갔지만 그 길에서 대관령을 쳐다 본 기억 있는가? 봄이 다 될 때까지 눈이 하얗게 쌓여 있던 곳. 적어도 다른 세상으로 가기 위해서는 저 고개를 넘어야 하리니. 그 너머의 세상을 또 다시 동경하기 시작한 것도 그 길을 걸으면서였다. 그곳의 석양은 몽환적인 분위기를 자아내곤 했는데 인생도 그럴 거라고 막연한 기대를 하기도 했다.

그 길로 가다보면 오롯이 떠오르는 기억 한 조각이 있는데 어린 시절, 엄마를 따라갔던 단오장이다. 세상에 그렇게 볼거리가 많은 세상이라니. 서커스를 보면서 손에 땀을 쥐던 일, 굿 당에서 화려한 무녀들의 알아들을 수 없는 노랫소리를 듣던 일, 난 그녀들이 하는 말을 가까이서 정확하게 듣고 싶다는 충동을 느끼기도 했지만 그러지는 못했다. 생각만 해도 소름이 돋던 커다란 뱀, 달변의 약장수들. 난 그곳에서 엄마를 잃었던 기억이 있다. 세상이 깜깜해지던 기억. 그게 그리 오랜 시간도 아닌데 그건 내 가슴 속에 큰 트라우마를 남겼다. 지금도 사람이 많은 곳에 갈 때면 괜히 불안해지는 건 그 때문일 것이다.

난 그 길을 틈날 때마다, 아니 틈을 내서 걷곤 했다. 그 길을 걸으며 내가 살아가야 할 길을 생각하곤 했다. 어떻게 살아야 하는가, 왜 살아야 하는가, 그 끝에는 무엇이 있는가. 이렇게 뒷짐을 짓고 천천히 살고 싶다, 넋 놓고 앉아 흐르는 강물도 바라보며 살고 싶다, 때로 하늘도 쳐다봐야지. 그런 생각을 했던 것 같다. 그 지점에서 만난 일이 글을 쓰는 일이고 지금의 내 삶을 만들었지 싶다.

얼마 전, 단오가 열리던 때를 같이하여 강릉에 갈 일이 있어서 그 길에 다시 가 봤다. 흙길이던 길은 깨끗하게 포장이 되어 있었고 강변도 시설이 잘 정비되어 몰라보게 바뀌어 있었다. 단오장 분위기 역시 예전의 그것과는 사뭇 달랐다. 공설운동장을 옮긴 것은 물론 더 오래 전 일이다. 그렇지만 한 길로 쭉 뻗은 것은 예나 지금이나 변함이 없었다.

누군가는 오늘도 그 길을 걸으며 길을 묻지나 않을지.

이옥선(李玉善)_ 강릉에서 태어난 연고로 강릉의 이런저런 길을 걸으며 성장했다. 지금은 걷는 것보다 앉아 있는 것이 편하지만 청청했던 그 시절, 길을 걸으며 깨달았던 그 길을 묵묵히 가고 있다. 동화를 쓰는 길. 지은 책으로는 〈작은 사춘기〉 〈따뜻한 약속(근간)〉 등이 있다.

진한 비린내와 짠한 그리움

나직한 소리로 '주문진'을 불러 본다. '~문진'에서 코가 울리고 코끝에 여운이 남는다. 'ㄴ'이 비음이라 그렇기도 하지만, 주문진을 발음할 때면 어김없이 코끝이 찡해져온다. 내 고향 이름이기 때문이다.

나에게 이름은 특별하다. 사랑하는 사람의 이름, 내 아이들의 이름, 친구들의 이름, 가고 싶은 도시의 이름……. 이름은 나에게 커다란 의미로 다가오고 그리움을 불러일으킨다. 그래서 나의 뿌리이며 어린 시절 추억이 담긴 '주문진'은 특별하고 그리운 이름이다.

대학 때 서울내기 친구들은 내 고향이 '주문진'이라고 하면 "세상에나, 주문진?" 하고 놀라던 기억이 새삼 떠오른다. 1980년대 초반의 주문진은 동해 먼 바닷가 작은 마을, 오징어가 많이 나는 어촌으로만 알려진 정도라 주문진에 직접 와본 친구들은 거의 없었다. 반면, 동해 바다하면 떠오르는 경포 해수욕장이 있는 강릉은 와본 친구들이 제법 많았다.

이민자들이 조국을 떠나면서 애국자가 되듯이 나 또한 고향을 떠나면서부터 고향을 그리워하는 사람이 되었는지 모른다. 어린 시절엔 비린내 풍기는 주문진보다 경포 호수와 오죽헌이 있는 강릉이 고향이라면 얼마나 좋을까! 하고 부러워한 적도 많았다. 하지만 나는 고향을 떠나면서부터 내 고향 주문진에 관해서는 별게 다 그리운 사람이 되었다.

요즘은 초등학교 친구 길순이가 다니던 주문진 제일교회가 그립다. 바다가 내려다보이는 언덕에 서 있던 하얀 외벽의 그 교회당, 친구를 따라 몇 번 가보았을 뿐 특별한 추억도 감흥도 없는 그 교회가 불현듯 그립기만 하다. 주문진, 내 고향의 한 조각 풍경이라는 이유 때문이다.

내가 주문진에서 가장 많은 시간을 보낸 곳은 주문진 시장 안이다. 우리 집은 주문진 시장 안에 있었다. 시장 안은 온갖 종류의 냄새와 웅성거리는 소리 나채로운 색깔들로 붐볐다. 어린 나는 엄마 곁에서 시장의 낡은 나무 의자에 앉아 묵은지를 쭉쭉 찢어 올린 메밀전이 익기를 기다리기도 하고, 호박을 썰어 넣은 노릇한 감자전이 익기를 기다리기도 하였다. 어떤 날은 설설 끓는 붉은 팥죽을 기다리기도 했다. 고소한 냄새를 맡으며 그것들이 익기를 기다리는 동안은 설레는

오랫동안 옷가게를 하셨다. 그래서 단골손님들이 많았다. 설이나 추석의 대목 때면 가게 안은 설빔, 추석빔을 사려는 단골 사람들로 발 디딜 틈도 없었다. 어린 나는 가게 안에 가득 찬 손님들한테 무언가를 팔아보고 싶어서 슬그머니 가게로 나갔다. 그리고는 쭈뼛쭈뼛 손님에게 다가가 '무얼 찾으시나요?' 하고 물으면 손님들은 어린 나를 상대로 값을 흥정하다가 신기하게도 물건을 사가기도 하였다. 그때 물건 값으로 받은 돈의 비린내와 축축함이 떠오른다.

그런데 어린 내 눈에 참 이상하게 느껴지는 일이 있었다. 아이들을 데리고 옷을 사러오는 사람은 엄마가 아니라 대부분 얼굴빛이 검고 허리가 굽은 할머니들이었다. 그 할머니들은 손주들을 데리고 와서는 한껏 한숨을 내쉬며 "쯧쯧, 불쌍한 것들……." 하며 눈물을 짓곤 했다. 어릴 때는 그것이 무슨 의미인지 알지 못했다. 그 의미를 알게 된 건 고등학생 때였다. 강릉에서 하숙을 하던 나는 한 달에 한 번 집에 가곤 했었는데 그때 엄마랑 밀린 얘기를 나누려고 가게에 나가면 옷을 사러 오신 할머니들 입에서 이런 말들이 흘러나오곤 했다.

"애들 엄마는 바람이 나서 도망갔다우."

바람이 되어 떠난 엄마, 엄마를 기다리는 아이들, 배 타고 동해 먼 바다를 오가는 아빠, 손자 손녀를 떠안고 체념하듯 키우는 할머니…….

내 고향 주문진을 너무 아프게 기억하고 있는 건 아닌지 모르겠다. 하지만 이것조차도 눈물이 핑 돌게 만드는 주문진에 대한 기억의 한 조각이다.

'주문진' 이란 내 시를 시집에서 보시고 붓글씨로 시구를 써서 어떤 독자분이 우편으로 보내주셨던 일이 있다.

여기는 심심하면 바람이 부는 땅
그래도 심심하면 바람이 난다

나는 한동안 이 붓글씨를 내 책상 앞에 붙여 두고 바라보았다. 먹빛과 고향바다의 짙푸른 바다 빛깔과 주문진 사람들의 검게 탄 얼굴빛이 한 가지 색으로 겹쳐 보이곤 했다. 이것 또한 주문진이라는 나의 '튀는' 고향이 선물한 추억의 한 조각이다. 부끄럽지만 나의 시 '주문진' 을 적어본다.

주문진

동해 먼 바다로 배 타고 나간
남편이 그리워 여자들은
자주 다툰다.
옆집 여편네와 싸우고
일 나가는 조미공장 여자와도
실없이 욕지거릴 한다.
그래도 심심하면
바람이 난다.

따뜻한 체온의 남자를 따라
바람이 되어 떠난다.

아이들은 물려 입은 옷에
할머니의 잔소리를 묻히며
살아서 버린 제 어미의
바다를 키운다.

한 계절이 가고 추위가 다가오면
떠났던 여자는 다시
조미공장에서 생선냄새를 피운다.
남편은 동해 먼 바다로 오고가고
여자는 또 심심해서 바람이 난다.
여기는 심심하면 바람이 부는 땅

바람이 불면 떠나는 고향
갈매기는 기다림으로 날아
바다 위에 앉는다.
남아서 수없이 떠나는 파도를 배웅하고
돌아선 바람을 기다린다.
기다리는 것이 여기
주문진의 갈매기만은 아닌데
오늘은 하늘이 맑아
숨 쉬는 곡선을 그리는 수평선
바다는 파도를 배웅하며
깊이깊이 잠수하고 있다.

내 고향 주문진은 내게 과거형으로 의미 있는 곳은 아니다. 요즘도 주문진에서 함께 어린 시절을 보낸 친구들과 만나 함께 추억을 나누고 미래를 이야기하고 있다. 학원을 운영하면서도 틈을 내 안나푸르나를 등반한 여자 친구, 십 년째 암 투병을 하는 아내를 위해 날마다 개똥쑥물을 달이는 지고지순한 친구, 친구들에게 사랑의 국시를 늘 먹게 해주는 국시 집 친구……. 그동안 인생을 무공해로 유기농으로 잘 살아온 고향 친구들을 만나 함께 마음을 나누고 인생을 배우는 일이 참으로 고맙고 소중하게 느껴진다. 좋은 만남은 하늘의 인연이 있어야 하고 좋은 관계는 땅의 인연이란 말이 있다. 하늘의 인연으로 맺어진 고향 친구들과의 만남이 앞으로 더 아름다운 관계로 꽃피울 수 있도록 서로 아껴주고 응원해 주고 싶다.

최근, 주문진 바다가 동해에서 수질이 제일 좋은 곳으로 선정되어 해수욕장을 찾는 사람들이 많다는 반가운 소식을 들었다. 여행객들이 많이 몰려와서 주문진이 더욱 활기를 띠고 발전하길 간절한 마음으로 응원한다.

내 고향 주문진,
진한 비린내와 짠한 그리움이 있는 곳,
충분히 아름다운 나의 고향이다.

김태희(金泰希)_주문진에서 태어나 열 살 무렵부터 시를 쓰고 싶어했다. 스물아홉 살에 '주문진' 이란 시를 '현대시학' 에 발표하여 등단했고 서른 다섯 살에 '나는 블루와 사랑을 해' 라는 첫시집을 냈다. 사십 대에 '우리 역사가 담긴 10 가지 명절이야기' 라는 책을 쓰고 학습교재를 두루 썼을 뿐, 두 번째 시집을 내지는 못했다. 이십 년째 논술학원을 운영하며 마음 깊은 곳에 시를 품고 살고있다.

추억 속의 풍경 길을 걷다

아카시아 향이 사방을 뒤덮었던 이 길 위에는 더 이상 아카시아 향기가 머무르지 않는다. 밤꽃의 알싸함과 싱그러움이 그 자리를 대신 차지하고, 계절은 벌써 뜨거운 여름을 향해 달려간다. 라디오의 음악 프로그램에서 3040음악이 들려온다. "이젠 내 곁을 떠나간 아쉬운 그대기에 마음속의 그대를 못 잊어 그려 본다 ……. 아 옛날이여, 지난 시절 다시 올 수 없나 그날……그날이여……." (이선희, 아, 옛날이여) 그 시절로 돌아갈 수 없으니 어찌하랴. 문득 스스로 자문해본다. 사랑은 저 밤꽃 향기처럼 진한 것일까? 아니면 세월의 미로 속에 바람으로 흩어져버리는 먼지 같은 것일까? 아니면, 무상함과 외로움이 스멀스멀 스며드는 순간 나를 지켜주는 백신이나 영진 외항의 방파제 같은 것일까? 또 다른 궁금함이 태동한다. 다른 많은 사람들도 나처럼 고향, 아득한 옛 추억을 회상하며 그리워하는 것일까? 약해지는 자신을 백 번 천 번을 다독이고 난 뒤, 힘겹게 어둠과 새벽 안개를 밀쳐내고 비집고 나오는 저 가로등 불빛처럼 추억을 한 조각 두 조각 모으고 보태가며 인생의 퍼즐을 완성해가고 있을까?

요즈음 불현듯 '고향' 이나 '토종' 이란 말이 들어간 어휘에 자꾸 시선이 간다. 반갑기도 하고 정겹다. 왜일까? 고향이라는 단어에는 여러 가지 기억들이 차곡차곡 쌓여 있으니 설렘의 종합 선물세트라고 해야 할 것 같다. 그립고도 그리운 그 시절에 대한 향수를 간직한 채, 옛 이야기를 주저리주저리 사투리를 섞어 토해내는 아낙네처럼. 그렇다고 이곳 일산에서 연곡은 수만리 타국도 아니고 머나먼 거리는 더욱 아니다. 떠나온 지 이십 몇 년이 지났지만 나는 아직도 삶의 항해를 계속 중이다. 이 커다란 사회 시스템속의 한 마리 개미처럼 제대로 순항하고 있는지, 더러는 닻을 내리고 정박해야 하는데, 똑바로 정해진 계획표도 없는데, 갑자기 진한 꽃향기와 옛 추억 속의 풍경이 지나간 세월 위로 오버랩 된다.

연곡해변의 백사장에 두 사람이 바다를 향해 앉아 수평선을 말없이 응시하고 앉아 있다. 흔한 늦여름 해변 풍경의 한 페이지처럼 멀리 수평선에는 배들이 몇 척 떠 있어 물결의 조류에 따라 오르락내리락 한다. 아마 연근해 어업선이거나 아니면 대화태까지 나가 조업하는 오징어 배일 것이다.

여름 휴가철이 끝난 이 해수욕장에서 이젠 아이들의 왁자한 소리도, 가끔 들리는 안전요원의 호루라기 소리나 안전선을 지키라는 확성기의 시끄러운 소음도 더 이상 들리지 않는다. 나는 흘끔 곁눈으로 바라본다. 물끄러미 파도를 바라보며 벌새처럼 조잘대며 많은 질문과 수다를 실타래처럼 연거푸 풀어내던 그녀가 오늘은 너무 심각하다. 무겁다. 통 말을 않는다. 눈동자의 초점은 한 곳에 고정된 듯 흩어진 듯 종잡을 수 없다. 보나마나 고민스러운 화두를 연거푸 토해낼 것만 같다. 아니 속사포처럼 막 퍼부어댈지도 모른다. 뭔지 모르지만 대비해야 한다. 고민 속에 우러나와 너무 진지한 그녀의 표정에 아무런 말도 건네지 못하는 한 남자가 곁에 있다. 그동안 매일 하루도 빠지지 않고 이 해변으로 찾아와 준 그녀. 꽉 다물었지만, 결국 풍선을 터트리듯 한마디 툭 뱉어내고야 만다.

"저기요, 그 쪽과 나는 어떤 사이죠? 단 한 번이라도 생각해 본 적 있나요?"

오뚝한 콧날과 완연한 대비를 보이는 그녀의 두 눈이 다시 촉촉하게 변한다. (오! 신이시여! 이 순진을 잘 모면할 수 있도록 도와주소서. 이 간청을 들어주시길…….) 아! 이걸 어쩌지? 당황스럽지만, 이런 어색한 시간과 분위기는 빨리 풀어버려야 하는데……. 나보다 훨씬 더 많은 고민을 했었을 그녀의 질문에 아픔이나 앙금 없이 무마할 수 있는 만능 진통제를 찾아야 한다. 그러나 마땅한 답이 떠오르지 않는다.

저기요,
그쪽과 나는
어떤 사이죠?

아!
당황스럽다.....

연곡해수욕장에서 강릉–주문진 간 큰 도로로 나가려면 적어도 2킬로미터는 족히 될 이 길 외에는 마땅한 길이 따로 없다. 길 한편으로는 옥수수와 당근이 정돈된 평야의 농지에 어울려서 부지런한 농부의 발걸음 소리를 듣고 걸맞게 잘 자라고 있다. 조금 더 걸으니 우주선이나 축구공 모양의 레스토랑이 길 오른쪽에 나타난다. 저 건물은 적어도 30여 년 이상 지났을 텐데 지금도 설계 아이디어가 감탄할 정도로 동선이 기막히게 창조적이다.

저만치 앞에서 그녀가 늦여름 오후의 신작로 길을 걷고 있다. 걸음걸이가 정처 없고 불확실하다. 술이나 아니면 축제 분위기에 취한 것도 아니면서, 이유도 없이 돌부리에 걸려 툭 차고, 비틀거리기도 하고……. 움푹 팬 곳의 빗물이 거무칙칙하게 변하여 고인 흙탕물을 밟아 그만 하얀 면 바짓단으로 튀고야 말았다. 그러나 바지에 얼룩이 지워지건 말건 상관하지 않는다는 듯, 흘낏 한 번 나를 돌아보더니 그녀는 이 쪽 저 쪽으로 왔다 갔다 한다. 난 생각한다. 그녀가 예전의 발랄한 모습을 되찾아 다소 안심이 된다며…….

그 모습이 '갈 지(之)' 자기 따로 없다. 복잡한 마음을 마치 거울처럼 잘 비춰준다. 난 몇 미터 뒤에서 무심한 돌부처인양 가식하며 (훗! 그럴 줄 알았지. 저러다간 별나디 별난 자기 어머니로부터 또 다시 "칫솔로 거품이 하얗게 일도록 빡빡 문질러 신발 모서리 세탁하듯 닦아내라." 고 표독한 잔소리를 꽤나 들어야 할 걸.) 그녀를 따라 그녀의 마음을 내 멋대로 추측해가며 걷는다. 장난 끼도 섞어서 몇 발자국

앞서거니 뒤서거니 하며……. 이젠 이 어색한 분위기를 풀어내야 한다.

뭐라고 대답해야 하지? 나도 모르게 내 마음은 다시 방어적이 되고 움츠러든다. 백 명 아니 천 명을 만나더라도 난 그 쪽 같은 사람은 다시 만나지 못할 것이라고 고백할까? 저 석양의 붉은 햇빛은 삼산리, 유등교와 소금강 너머 서쪽 하늘 위로 눈부시게 또 슬금슬금 흩어져 가는데, 구름은 조각조각 멋대로 흩어졌다가 뭉치며 빨간빛을 흠뻑 머금고……. 별칭이 삼산 댁인 우리 어머니의 옛 이야기가 불현듯 떠오른다. 병자년 浦落(대홍수)에 집과 가축이 모두 다 떠내려가 숟가락도 한 개 못 건지고 홑이불에 딸 한 명만 업고 서둘러 피신하여 겨우 살아남았다는 외할머니. 당시였다면, 우리가 지금 앉아있는 이 앞 냇물은 아마 범람으로 떠밀려온 부유물로 넘쳐 났을 거야. 그녀는 나와의 관계 설정에 심각한 데 난 아랑곳없이 이런 엉뚱한 상상이나 하다니 장난 끼가 너무 심하다. 나는 머뭇거리며 말을 건넨다.
"마무리 없이 이대로 그냥 갈 수 없으니. 저 쪽 강둑에 앉아 이야기를 좀 더 나누고 갈까?"

그냥 앉으면 초록빛 풀물이 흰 바지에 그대로 판박이를 할 것 같아 걱정되었지만, 못이기는 척 그녀는 털썩 주저앉았다. 천만다행이다. 안타까움을 넘어 연민의 정이라고나 해야 할까? 이 어색한 긴장 전선을 풀어줄 아이디어가 떠오르지 않는다. 가슴 깊은 속 대화를 나눌 수 있는 진정한 친구로 지내자고 말할까? 아니면 나 자신보다 더

널 좋아한다고 과장해야 할까? 조금 떨어져 지내며 냉각기를 가진 뒤 다시 만나자고 제안할까? 아니면 '아픔만큼 성숙해진다는' 뭐 그런 판에 박힌 말을 해야 하나. 한참의 침묵이 지난 후에야 나는 냇가의 비탈에서 멋대로 자라 색 대비가 선명한 야생나리 한 송이를 꺾어 문 밖에서 오래 오래 기다렸다가 건네는 장미 한 송이처럼 그녀의 손에 쥐어주고, 두 손을 꼭 잡아주었다.

김동승(金東承)_ 강원도 평창군 봉평면 면온리에서 출생, 1남 2녀의 아빠이자 1녀의 이모부로서 평범한 가정을 무탈하게 운행하기 위하여, 인생의 핸들을 조심스레 돌리고 있는 한 명의 가장으로서 살고 있다.

추억의 보물 상자를 열다

"아부지도 깡원도래요?"

지금 미국에서 대학을 다니고 있는 아들 승재가 초등학교 때 '동막골' 이라는 영화를 보고 와서 강원도 사투리 톤으로 건넨 말이었다.

'강원도가 어때서?' 무의식적으로 고향에 대한 방어 본능이 아들에게서도 나온 것이다. 아이는 영화에서 강원도 사람들이 원시인 같았다고 하면서 어릴 적 내가 살던 곳을 물었다.

연곡! 아들을 통해 연곡은 떠올렸다. 나는 강릉과 춘천에서 살았지만, 다섯 살 즈음에 살았던 연곡이야말로 추억의 보물 창고다.

강원도를 떠난 지 20여 년이 지난 어느 날, 우연찮게 강릉 출신의 어떤 분을 만나면서 강릉 초등학교 친구들과의 만남이 이뤄졌다. 그 덕에 즐거운 강원도 추억의 시간 여행이 근 1년 간 지속되었다. 강릉 친구들과 함께 한 '강릉 가는 배' 라는 합창 연습은 공연 이후 내게 성대 물혹 수술을 하게 하는 결정타가 되었다. 하지만 공연 연습을 하면서 유치원과 초등학교 시절 친구들을 다시 만나게 된 즐거움이 더 컸다.

그리고 얼마 전 친구에게 전화를 받았다. 강릉 친구들이 고향을 생각하면서 책을 쓰는데 참여하라는 것이었고, '강릉' 하면 생각나는 게 뭐냐고 물었다. 나에게 강릉은 연곡의 기억과 혼재하여 존재한다. 어릴 적 꿈을 꾸면 대부분 연곡이 주 무대였고 그 다음이 강릉이다. 나는 강릉을 고향이라고 생각하면서도 기억 창고에 제대로 정리를 안 해 놓아서 명쾌하게 답을 하지 못했다.

낱말들을 떠올려 보니 가장 우선 순위는 연곡이고 이어서 새끼 돼지, 고래 간, 주문진, 송라사, 경포대, 머루주, 남대천, 단오 등이었다. 그래서 이 낱말 중에 가장 기억에 남을 추억거리를 정리해 보기로 했다.

어릴 적 가장 큰 추억이라면 단연코 새끼 돼지와 한두 달 간의 동거라고 할 수 있다. 다섯 살, 부모님이 맞벌이인지라 교사이신 어머니의 직장이 있는 연곡으로 이사를 했다. 학교 갈 나이가 되지 않아 낮에는 주변 분들이 데리고 놀아 주면서 어린이 백수 생활을 했다. 그해 겨울, 옆집 할아버지 댁에 놀러갔는데 갓 태어난 어린 새끼 돼지들이 방 안에 있었다. 지금 생각해보면 엄마 돼지가 새끼를 낳고 얼마 안 되어 죽은 것으로 짐작된다. 그 당시 나는 강아지는 봤어도 새끼 돼지는 처음 봤는데 용기가 어디서 나왔는지 새끼 돼지를 껴안고 뽀뽀도 하고, 분유를 탄 우유병을 어린 아이에게 먹이듯이 새끼 돼지들한테 먹이기도 했다. 옆집 할아버지가 없을 때는 장난삼아 내 손가락을 새끼 돼지 입에 넣어주면 어찌나 세게 빨아대는지 손가락이 빨갛게 될 지경이었다.

당시 방 안에는 새끼 돼지들이 7~8마리 되었는데 모여 자는 것을 보면 강아지처럼 보였지만, 강아지와는 콧구멍과 발 모양새만 조금 다를 뿐 강아지보다 귀여운 짓을 더 많이 한 것으로 기억된다. 그래서인지 어릴 적에는 돼지들이 작은 꼬리를 흔들면서 나에게 다가오는 꿈을 가끔 꾸기도 한다. 돼지꿈을 꾸면 좋은 일이 많이 있다고 하는데 그래서 내가 지금의 아내를 만난 걸까?

그 해 겨울이 나에게는 그렇게 즐겁고 기쁠 수가 없었다. 자고 나서 눈만 뜨면 새끼 돼지들과 방 안에서 놀다가 졸리면 함께 자기도 했다. 내가 잠들면 간식이나 눈깔사탕을 먹다가 얼굴이나 손가락에 묻은 것을 핥아 먹으려고 내 얼굴과 손가락 주변으로 여러 마리의 새끼 돼지들이 혓바닥을 날름거리면서 난리가 난다. 아직 새끼 돼지들이 이도 튼튼하지 않고 무는 힘이 약할 때라 무척 간지럽고 재미있었다.

날이 풀린 봄날, 옆집 할아버지가 새끼 돼지들을 손수레 수레에

옆집 할아버지가 새끼 돼지들을 주문진 시장에 팔러간다고 했다.

싣고 있었다. 주문진 시장에 팔러간다고 했다. 우리 집 돼지도 아닌데 내가 손수레를 막고 울어대니까 할아버지가 안쓰러웠던지 나를 손수레에 새끼 돼지들과 함께 태웠다. 손수레 타는 재미에 울음을 그치고 새끼 돼지들과 함께 지푸라기 위에서 놀다가 봄날의 따스함에 그만 잠이 들고 말았다. 할아버지가 깨워서 일어났더니 새끼 돼지들은 한 마리도 없이 다 팔리고 나 혼자만 손수레 안에 누워있었다. 내가 새끼 돼지 찾아오라고 또 떼를 부렸던 것 같다. 옆집 할아버지가 배가 고프니까 밥을 먼저 먹고 새끼 돼지 찾아준다는 말에 삶은 고래 간을 먹으러 갔다. 배가 고파서 맛있게 먹다보니 새끼 돼지 찾는다는 것을 깜빡 잊고 할아버지를 따라 연곡 집으로 돌아왔다. 그 이후 기억은 잘 나지 않는데 옆집 할아버지를 힘들게 했다고 어머니에게 심한 꾸중을 들었던 것 같다.

또 다른 추억거리는 식탐으로 벌어진 '머루주' 사건이다. 이것은 사건으로 다룰 수 있는 수준의 수위이다. 연곡에서 강릉으로 이사와 임당동 근처에서 살 때니까 내가 여섯 살 되던 겨울이었다.

어릴 적부터 나는 식탐이 강해 감기약도 주스인 줄 알고 먹어치우는 등 먹성이 강했던 것 같다. 가끔 아버지 친구 분들이 오면 양미리를 구워서 머루주 마시는 것을 봤기에 어려도 나는 머루주와 양미리는 먹을 수 있는 것으로 입력이 되어 있었다. 어느 날 어머니 친구 분들이 집에 오셔서 나와 놀아줄 사람이 없는 혼자만의 시간이 생겼을 때, 호기심이 마루에 있는 머루주 항아리로 향했다. 마침 머루주에 설탕을 뿌려놓은 상태라 달콤한 주스 맛이었다. 내 기억으로는 꽤 많이 마신 것 같았다. 그때 상황은 어머니한테 들은 것으로 설명을 해야 할 것 같다. 어머니 얘기로는 친구 분들과 방에 있는데 내가 문을 벌컥 열고 들어오더니 방바닥에 대자로 눕기에 장난하는 줄 알았다고 한다. 일어나라고 해도 내가 들은 척을 안 하자 혼내줄려고 다가가서 봤더니 입에서 술 냄새가 나기 시작하더니 술을 토해내고 있었다고 한다. 놀란 어머니가 나를 들쳐 업고 병원에 가서 위세척을 하고 입원을 시켰다고 한다. 그런데 내가 입원한 전 날에는 나의 부친이 과음으로 인해 그 병원에 입원했고 그 다음 날에는 아들인 내가 입원을 했으니 아버지와 나를 치료한 의사 선생님이 놀랐다고 한다. 이것을 보고 부전자전이라고 하나?

내가 음주로 입원했다는 소식이 집 주변에 쫙 퍼졌는지, 퇴원을 했을 때 옆집 아주머니가 그 집 장닭으로 백숙을 해왔다. 그 당시 머루주를 마시게 한 원인 제공자가 바로 옆집 장닭이었다. 이 닭이 다른 사람한테는 얌전한데 내가 연곡 촌놈으로 있다가 강릉에 온 것을 알았는지 마당에만 나가면 따라다니면서 무리로 쫀다. 그럴 때마다 주변 분들이 장닭을 피해 도망 다니는 나를 보고 재미있어 했지만 나에게는 무척 싫은 경험이었다. 큰 장닭의 위세에 위축되어 마루 아래로 내려오는 것을 아주 싫어했다. 그것을 알고 있는 옆집 아주머니가 그 장닭을 잡아 백숙을 해온 것이다. 나는 술이 덜 깨어 아픈 상태였지만 어린 나이에도 장닭의 사망 소식이 얼마나 기뻤는지 그 백숙을 아주 맛있게 먹고 빠르게 회복했던 것 같다.

내 유년의 추억 중 한 갈피를 꺼내보니 입가에 웃음이 퍼진다.

오랜만에 강릉 친구들 덕분에 즐거운 시간 여행을 하게 되어 고맙고 감사할 뿐이다. 남대천 연어가 태평양을 무대로 한바탕 뛰놀다가 성어가 되어 알을 낳기 위해 고향으로 돌아오듯이 강릉 친구들이 요즘 고향을 생각하고 책을 엮어 가는 것이 마치 화려한 연어 떼들의 귀환을 보는 듯 아름답기만 하다.

백선종(白瑄鍾)_ 춘천에서 태어났지만 맞벌이하던 부모님을 따라 유아기는 연곡에서, 초등학교는 강릉에서 무려 세군데를 전학하며 다닌 덕분에 '강릉 토박이' 로 착각할 정도. 11세 때 KBS어린이 합창단원으로 방송국과 인연을 맺었고, 현재는 MBC아카데미 CNM 대표로 재직하며 디지털 학습 콘텐츠 개발에 힘쓰고 있다.

힘들 때 마다 위로해 주는 손길

어린 시절 강릉에 대한 첫 기억은 눈덮힌 대관령을 이삿짐을 실은 트럭으로 넘으며 보았던 눈부신 푸른 바다와 백색 설경의 펼쳐짐이었다. 그 이후로 그 푸름과 순백의 속삭임은 항상 내 가슴 깊은 곳에서 지치고 힘들 때마다 나를 위로하는 손길이 되었다. 다른 이들에게 흔히 말한다. 고향을 두 개씩 가시고 있어 행복하다고. 내가 살고 있는 이곳에서 항상 강릉을 품고 산다.

강릉을 적시며 흐르는 남대천은 누구에게 그렇듯 당연히 있어서 나를 지켜보는 어머니 같은 물길이다. 언제 달려가도 그 자리를 지키고 있어 마주할 수 있는 마음의 소파 같은 곳이다.

초등학교 1학년 때로 기억난다. 엄청난 폭우로 등굣길도 잠겨 신고 간 장화가 아무 의미 없는 날이었다. 오전 수업을 마치고 집에 돌아가 보니 학교에 계셔야할 아버지가 집에 계셨다. 의아해하던 나는 아버지의 손에 이끌려 남대천으로 향했다. 임당동 성당을 지나 시청(구)을 지나 의료원 앞에 이르렀을 때 많은 사람들이 남대천 제방 위를 메우고 있었다. 그 사이를 뚫고 들어가 보고서야 아버지가 집에 계셨던 이유를 알게 되었다. 관동대학을 가기위해 서 있어야할 나무로 만들어졌던 다리가 그 자리에 없었다. 제방 위까지 가득 찬 남대천 물길은 온갖 잡동사니를 흔들며 짙은 황토 물로 자연의 무서움이 무엇인지 말해주고 있었다. 지붕들, 살림살이들, 꺾어진 나무들과 심지어는 살아있는 돼지도 ……. 그러던 중 사람들의 고함소리가 들리기 시작했다. 거센 물결 한 가운데로 사람이 쓸려가고 있었다. 무어라도 잡아보려고 필사적으로 손을 휘젓고 있는 사람 말이다. 그렇게 무기력했던 순간은 그리 길지 않은 시간 속에서 당혹스러움과 안타까움만 남기고 지나갔다. 남대천을 넘을 때마다 정겨웠던 나무다리 바닥 사이로 남대천의 속내를 볼 수 있었던 그 다리는 그날 이후로 볼 수 없게 되었다. 그때 물길 속에 많은 사람들의 안타까움과 응원을 받았던 그 사람은 어떻게 되었을까. 어린 시절 자연의 무서움과 인간의 나약함을 처음으로 느꼈던 기억이다.

언제나 그렇듯 강릉 단오제는 남대천변의 서커스단의 요란한 연주로 시작되었다. 남대천변이 골라지고 이곳저곳에 천막들이 들어서게 되면 농악소리와 수많은 사람들의 소리로 한바탕 난장판이 시작

동춘 서커스 포스터

아슬아슬한 공중그네로 탄식을 자아내던 곡예사들, 굉음을 내며 원통속을 돌던 오토바이까지 엄청난 즐거움이고 사건이었다.

되었다. 짝꿍과 손을 잡고 초등학교 3학년 교실 문을 나선 우리는 선생님을 따라 그 단오제 마당으로 향했다. 코를 자극하는 감자전 냄새를 뒤로하고 들어섰던 곳은 꽤나 크고 높게 느껴졌던 동춘 서커스 공연장이었다. 서로 앞자리를 차지하려 따개비처럼 붙어서 공연을 보았다. 발로 원통을 돌리던 소녀, 불길을 내뿜던 아저씨, 아슬아슬한 공중그네로 탄식을 자아내던 곡예사들, 그리고 굉음을 내며 원통 속을 돌던 오토바이까지 그 당시 즐길 수 있던 가장 다이나믹한 공연은 동심들에게 엄청난 즐거움이고 몇 달을 우려먹을 수 있는 사건이었다. 공연장을 나오며 손으로 가려야 했던 햇살이 기억난다.

재잘거리며 올 때보다 더 정신없는 우리에게 담임선생님은 지나가듯 물으셨다. “재미 있었니?” 나는 아주 신나게 대답했다. “예!” 그런데 선생님은 원통을 돌리던 그 소녀가 생각난다고 말씀하셨다. 그 아이 나이가 너희 또래일 것 같다고, 그리고 안타깝다고 하셨다. 친구들과 흥분되어 떠들던 나는 어렴풋이 선생님의 마음을 이해할 수 있었다. 그리고 인생의 다른 면을 보았다. 그때 나는 어른이 되었다고 생각했다.

그날따라 양 손엔 짐이 가득했다. 목숨 걸고(?) 연습한 응원을 위한 도구들(카드섹션을 위한 눈구멍이 뚫린 종이판, 은박이 군데군데 떨어져나간 짝짝이, 맞지 않는 흰 장갑과 먼지떨이, 그리고 다이아몬드 모양의 반짝이 등)을 한 손에 들고 다른 손엔 돌을 담을 수 있는 비닐가방(사실은 장바구니)을 낑낑대며 걷고 있었다.

공설운동장 가는 길은 신나지만 고난의 행군이었다. 뙤약볕에 몇 달을 혼나가며, 여학생들 몇 명씩 쓰러질 때까지 연습하던 마스게임은 그날의 축구경기를 위한 엄청난 채비였다. 공설운동장 계단 여덟 줄을 가득 메운 학교들, 강릉, 옥천, 성덕, 동명 등. 먼저 온 학교 학생들은 지나가는 다른 학교 아이들에게 야유하고 그 앞을 지나가는 아이들은 거기에 감자 먹이고…….

그 어떤 경기들이 이보다 긴장되고 흥분되었을까. 반대편의 적들이 먼저 포문을 연다. 그 응원의 소리가 우리 등을 때린다. 공설운동장의 그 울림을 모두가 즐기고 있었다. 한 골이 들어가면 난리가 났다. 어떻게 찾으려는지 응원 도구들이 하늘로 날아다녔다. 지기 시작하면 심판에 대한 용감한 항의(?)도 나오곤 했다. 그날은 그 힘든 응원의 대가도 받지 못했다. 진 것이다. 모퉁이가 너털거리기 시작한 카드섹션판과 해서거리는 먼지떨이는 더 무겁게 느껴졌다. 터덕거리고 향한 곳은 학교가 아니었다. 공설운동장을 나와 천변을 따라 오르다 소풍 때면 어김없이 비를 맞고 보내야했던 회산 소나무 숲 근처까지 가서 널려있는 자갈들을 고르기 시작했다.

"문교부 지정 학습 발표 학교" (이게 어떤 의미인지는 지금도 잘 모르겠다.) 그날 경기에 지고도 남대천으로 몰려가 자갈을 골라 부대에 담고 학교까지 와야 한다는 뜻 이상도 이하도 아니었다. 그 당시 선생님들은 매일 교정을 가꾸고 새로 분수대를 만들고 화단을 정리했다. 그 학교에 때론 자갈을 때론 모래를 나르기 위해 동원됐던 우리였다.

지금 같으면 불법 채취로 시에 고발되고 아이들을 노동으로 몰고 있다고 교육청에 전화가 불이 났을 텐데 그때는 아주 평화로웠다. 남대천은 그 모든 걸 공급해주는 터전이었다. 남대천에서 돌아오는 길에선 아무도 떠들지 않았다. 경기에 진 것도 있었지만 무거운 자갈을 들고 가며 떠들 기운이 없었다. 앞에서 흘린 자갈이 길 바닥에 깔리기 시작하고 힘이 남아도는 몇몇이 그 떨어진 자갈을 발로 멀리 차는 게 전부였다. 그날은 몹시도 길고 긴 하루였다.

검은 교복을 입기 시작할 때부터 친구들과 함께 자전거를 타고 새벽 안개가 자욱한 해안을 돌았다. 그 새벽의 바닷내음과 물새 소리가 그리워 지금도 일 년에 몇 번 그 바닷가를 찾는다. 저녁에 타는 자전거는 다른 의미였다. 포장되어있지 않아 우둘투둘한 남대천 제방을 자전거로 산책하는 것은 사춘기 나의 일과였다. 무엇이 고민일까 고민하던 그 시절 첫 사랑의 기억은 해지는 남대천의 물길에서부터 시작되었다.

이게 사랑일까 생각하며 달리던 제방에서 대관령으로 넘어가는 태양과 그 태양 빛에 물드는 남대천은 당시 읽었던 'Erskine Caldwell'의 〈따뜻한 강(The warm river)〉을 생각하게 했다. 마치 그 소설의 주인공처럼 남대천은 한꺼번에 터져 나오는 감사와 감격을 내게 안겨주었다. 그리고 나는 강릉을 떠나왔다.

좋은 친구들과 너무 많은 기억들이 순간순간 튀쳐나오는 그곳은 그렇게 고향이 되었다. 인생의 강나루 긴 언덕에서 수많은 풀빛이 되어 내게 잘 살고 있냐고 물어주는 남대천의 물길이 나는 항상 그립다.

김순기(金淳基)_여섯 살에 부모님 덕에 눈덮인 대관령 넘어 강릉에서 10년을 거하다 돌아온 뒤 '고향이 두 곳이어서 좋다' 고 자랑하며 전주에서 살고 있다. 힘들 때 마다 장시간 차를 몰고 강릉으로 달려가 바다내음 맡고 오는게 취미이며, 하나님이 주신 세상에서 열심히 소풍놀이 하고 있는 신경외과 의사.

아이들의 빛나는 여름 이야기

6월도 말미로 접어들자 뜨거운 햇살이 더욱 땀구멍을 압박한다

언론에서 늘상 지구 온난화를 운운한 탓인지 요즘은 부쩍 계절바꿈이 빨라졌다. 봄, 가을은 거의 없고 여름, 겨울만 있는 듯 하다.

주변을 둘러보면 하루가 다르게 푸른 옷을 입는 산자락, 점점 깊어지는 물 빛깔, 저녁 무렵의 벌레 무리들, 머리자락을 부드럽게 어루만지는 바람, 분명 여름이 가까이 와 있다

늘 이맘 때면 기억 저 깊은 곳에 잠영하고 있던 명주동 남대천 보의 무지갯빛 물보라, 눈이 시리도록 반짝이던 은어떼들의 퍼덕임, 그 뒤를 쫓는 아이들의 환호성들이 나이가 들수록 점점 더 선명해지기만 한다.

이제는 돌아갈 수 없다는 그리움으로 안타까움으로 말이다.

남대천 그 너른 냇가는 이맘 때면 동네 아이들의 놀이터로써 새로이 개장되는 시기였다. 설, 보름, 단오를 지나면서 동네 아이들은 학교 운동장, 동네 골목, 주변 야산을 무대로 뛰놀다 날씨가 더워지면서 무대를 옮겨 수중전을 시작하는 것이다.

열 살 근처의 꼬마들이 학교를 마치기가 무섭게 학교를 다니지 않던 쪼무래기들과 어울려 스무명 남짓 떼로 몰려가서는 온통 누드로 제집 뛰어다니듯 냇가를 주름잡았다

그 맑고 시원한 물, 철따라 수많은 물고기들.

아이들은 어떻게 알고 있는 지 그 많은 물고기들의 이름을 불러가며 고무신으로 숨죽이고 물고기를 몰아가는데 어쩌다 고무신 안에 들어오기라도 하면 신기한 듯 이리 보고 저리 보고…

집에서 반도를 가져온 아이들은 네댓 명이 한팀이 되어 그 평화롭던 남대천을 온통 전쟁터로 선포하고선 포위망을 좁혀나갔다.

숨죽이고 기대감에 잔뜩 부풀어 반도를 조심스레 들어보면 큰 놈은 거의 없고(하긴 새파란 아이들에게 잡히는 큰 놈들이 멍청한 놈들이지...) 온통 가시 투성이인 가시고기만 잔뜩 들어있어 아이들을 실망시키곤 하였는데 커서 알고보니 그때 아이들을 실망시켰던 가시고기가 진정한 일급수에서만 서식한다는 큰 가시고기라네.

그 냇가에는 아이들에게 젤 미움을 받던 칠성뱀장어가 많이 살고 있었는데 어린 마음으로 내 생각에 물고기 열 마리 중 절반은 그 놈

이었던 것 같다.

고기잡이, 멱감기에 정신을 빼앗겨 있다 보면 으레 아이들의 연약한 장딴지에 그 부드러운 흡판을 들이대고 있었고 놀란 아이들은 결국 냇가 큰돌에 그 긴 모양 그대로를 철퍼덕 철퍼덕 패대기를 치며 화풀이 하곤 하였다. 한 아이에게 그런 일이 생기면 같이 있던 아이들은 온통 하나가 되어 그 길다랗고 흉칙한 흡혈귀 소탕작전으로 그 오후를 피바다로 몰아 가곤 했다.

보의 젤 아래쪽 콘크리트 조각들이 군데군데 떨어진 얕은 모래밭에는 꾹저구라는 놈이 살고 있었는데 생김새는 영락없이 아구 판박인데 조용하기가 순한 양이다.

손으로 물과 함께 뜨면 아이들의 그 작고 고운 손 안에 한번의 저항도 없이 잡혀주었다.

한번은 꾹저구 여러 마리를 잡아서 집에서 키울 요량으로 데리고 친구 집엘 갔는데, 친구 아버지가 우락부락하지만 나에겐 더없이 이뻤던 꾹저구를 보자마자 "여보! 초고추장 좀 빨리 가져와 봐!" 하더니 그걸 산채로 고추장을 찍어서 우걱우걱 씹어 처먹었다. 그 후로 꾹저구는 잡아서 구경만 하고 두번 다시 집으로 데리고 가지는 않았다.

나쁜 꾹저구아저씨. 지금은 전국에서도 몇몇 하천 외에는 볼 수 없다는 은어. 햇빛에 반사된 모습은 마치 잘 벼린 작은 칼날이 빠르게 살아 움직이는 듯 아이들의 넋을 빼게 하였다.

주로 떼로 몰려 다니는 놈들이라 아이들은 손에 긴 철사를 하나씩

남대천

쥐고는 길목을 지키고 있다가 역시 떼로 몰려가며 물을 치면서 달리는 공방전을 펼쳤다.

하루를 그렇게 물에서 정신없이 보내는 동안 어느 덧 해는 뉘엿뉘엿 천방둑에는 엄마들이 아이들 부르는 소리, 엄마 손에 끌려 가면서도 더 놀고 싶어 떼를 쓰는 아이 소리, 그 엄마의 야단치는 소리. 석양 무렵 그 냇가는 엄마와 아이들의 실랑이로 해가 넘질 못했다.

지금은 백과사전에서나 볼 수 있는 물고기들, 아이들에게 그렇게 미움받던 그 많던 칠성뱀장어. 가시투성이라 버림받았던 작은 가시고기는 생긴건 박색이지만 나에겐 너무나 귀여웠던 그 꾹저구들, 그렇게도 빠르게 반짝거리던 아이들 애를 태우던 은어떼들은 다 어디로 가 버렸는지, 또 홀딱쇼를 펼치며 냇가를 난리법석으로 만들던 그 아이들은 또 다 어디로 떠났는지. 해마다 이맘때가 되면 석양 무렵 가끔 그 둑에 앉아 그 아이들을 회상해 본다. 그리운 물고기 그리운 목소리 그리운 아이들. 어린 시절 그 맑은 물 속에 쏟아 부었던 천진함이 이젠 다 없어졌다. 물이 죽으면서 고기도 죽고 추억도 죽고 아이들도 죽었다

명주동 도립병원 앞 남대천 보는 아이들과 함께 사라졌다.

민병선(閔丙善)_ 대관령 넘어가면 큰일 난다는 부친 말씀에 순종하며 고향을 지키고 있는 강릉 촌놈이며 아직도 정신 연령은 청소년이라고 자부하며 산다. 술자리에서 인간의 사랑과 추억을 말하는 낭만파이지만, 이 땅의 정의를 위해서 마음의 촛불을 밝히는 정의파이기도 하다.

사랑의 운명을 결정하다

서울의 많은 친구와 동료들은 나의 고향을 강릉으로 알고 있는데, 솔직히 조금 더 정확히 말하면 나의 고향은 강원도 명주군 왕산면 고단리다. 지금은 강릉시로 편입되어 강릉시 고단리가 주소이지만 엄밀히 따지면 경포 호수가 있는 강릉이 고향이 아니고 동서남북 사방이 산으로 둘러싸인 강원도 조그만 시골 마을, 하늘 아래 첫 동네가 나의 고향이다.

내가 강릉으로 내려온 것은 시골 중학교를 졸업하고 고등학교를 가기 위해 명문으로 알려진 강릉여고에 합격하고서이다. 그 당시 시험에 떨어질까 벌벌 떨던 시골 소녀였던 나는 고등학교 1학년을 지내면서도 학교와 자취집을 왔다 갔다 하는 것이 전부였다.

하늘에 하나, 바다에 하나, 호수에 하나,

술잔에 하나, 님의 눈동자에 하나....

그 후 졸업할 때까지 아마 한 두서너 번 정도 경포 바다와 경포 호수를 구경한 적이 있는 것 같다.

당시 느낌은 이렇게 끝없이 넓은 바다가 있고 이렇게 넓은 호수가 있다니……. 그 크기에 그저 감탄했었다. 맑고 푸른 바다와 호수에 감탄하고 정겨움과 자랑스러움이 느껴지기 시작한 것은 서울로 대학을 진학하고 몇 년이 지난 후였던 것 같다. 서울의 친구들이 고향을 물어오면 강릉이라고 답하기 시작하면서 깊고 푸른 경포를 자랑하고, 특히 잔잔히 흐르며 고요한 아름다움과 자연의 휴식을 전해 주는 경포 호수가 나의 고향인 것처럼 자랑스러워지고 그리고 실제로 자랑도 많이 했다.

그러던 중에 대학을 졸업하고 취직을 하고 지금의 남편을 만난 지 얼마 되지 않아 경포 호수를 방문하면서 개인적으로 잊지 못할 소중한 하나의 추억이 생겼다.

경포 호숫가의 작은 벤치.

그곳에서 마음을 열고 남편을 남자친구로, 결혼할 사람으로 받아들이는 운명적인 마음의 결심을 한 곳이다. 그래서인지 강릉을 생각하면 언제나 경포 호수가 생각나고 그 작은 벤치가 생각나고 나의 운명을 생각하게 된다.

서울에 오래 살면서, 그리고 외국에서 몇 년을 살면서 몸도 커지고 마음도 커져서인지 이제는 언제나 강원도 산골 고향뿐 아니라 강릉이 고향이 되고 경포 호수는 언제나 나의 고향 호수가 된다.

몇 년 전에 아이들과 온 가족이 함께 경포 호수를 자전거를 타고 돌면서 얼마나 기뻤던지.

현대적 감각으로 더 많이 가꾸어진 호숫가의 벤치에 앉아 아름다움과 운명과 사랑을 생각하고 지난 시절을 그리워하는 시간을 듬뿍 가졌다.

강릉의 경포 호수는 고향이 아니라도 누구에게나 한 번 이상은 방문해서 그 고요하고 맑은 그리고 넓고도 푸른 호수를 느끼고, 연인이나 가족과 즐거운 시간을 보내라고 추천하고 싶다.

예전에 어떤 시인이 말했다고 하지 않은가? 경포에는 다섯 개의 달이 뜬다고. 하늘에 하나, 바다에 하나, 호수에 하나, 술잔에 하나, 임의 눈동자에 하나.

멋지고 낭만적이지 않은가! 경포에서 다섯 개의 달을 보고 싶으면 꼭 연인과 친구와 또는 가족과 함께 가기를 추천한다. 그래야 술 한 잔 하면서 하늘, 바다, 그리고 아름다운 호수에서 달을 찾고 임의 눈동자에서 달을 찾으면 다섯 개의 달을 모두 볼 수 있지 않겠는가?

얼마 전에는 일 때문에 가족이 강릉을 지나는 길이 있어 경포 호수에 잠깐 들렀다. 거듭 거듭 새롭게 단장되는 경포 호수를 보며 과거와 현재를 동시에 즐길 수 있었다. 아이들이 뛰어가서 사공의 노래를 틀어놓으니, 이제는 호수에서 다섯 개가 아니라 일곱 개의 달을 찾을 수 있었다. 성장한 두 아들의 눈동자에서도 달을 찾을 수 있으니까.

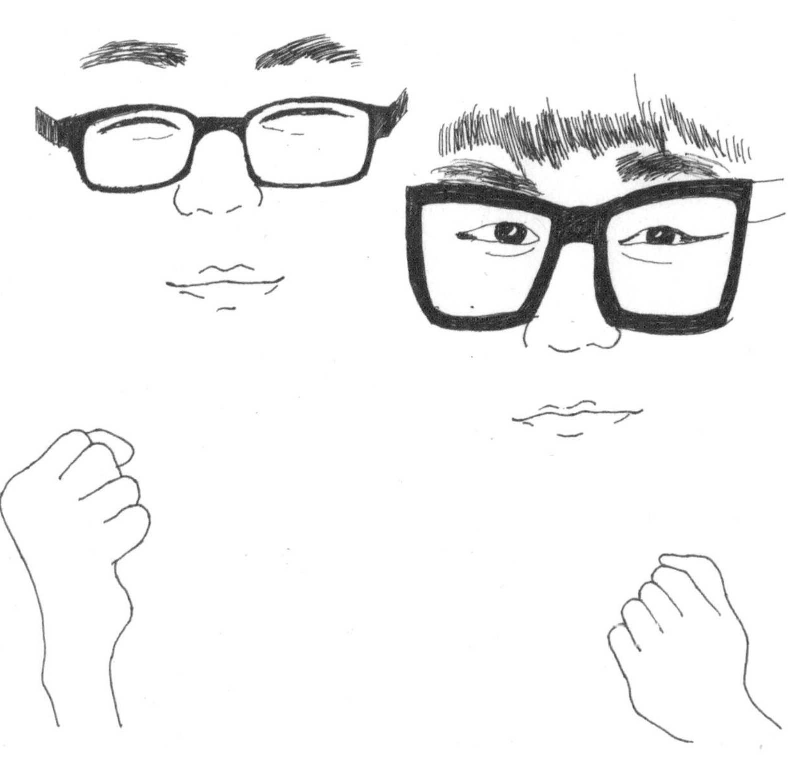

두 아들의 눈동자에서도

달을 찾을수 있으니까...

어린 아이들을 태우고 자전거 마차를 타고 가는 젊은 부부, 곳곳에 써 놓은 아름다운 시, 시간이 정지된 듯한 고요함과 정겨움이 밀려왔다.

나는
사방이 산으로 둘러싸인 조그만 산골에서 어린 시절을 보내고
경포 바다와 넓은 호수를 방문하며 무한한 꿈을 키우며
여고 시절을 보냈다.
언제나 빠르게 돌아가는 서울에서 대학 시절을 보내고,
직장 생활을 하고 넓은 초원이 많은 미국의 콜럼버스에서 5년을
학위 공부를 하면서 보냈다.
다시금 돌아오니,
조그만 산골도 고향이고,
경포 호수도 나의 고향이구나
산은 산이라서 좋고
바다는 바다라서 좋고
호수는 호수라서 좋구나
호숫가의 작은 벤치는
언제나처럼
나의 사랑의 추억을 간직하고 있으니
이것이 제일 가슴에 남아 있구나
추억으로 남아
아름다움으로 남아

다시금 희망으로 넘쳐나는구나
많은 이들이 이 호수에 와서
벤치에 앉아서
사랑을 꿈꾸고
미래를 희망하겠지
오늘은 작은 벤치에게 이야기하고 싶다.
언제나 파이팅! 이라고
언제나 꿈과 희망이라고!
작은 벤치가 있어 호수가 더욱 빛난다고!
적어도 내게는 그러하다고!
파이팅! 파이팅! 파이팅!
언제나 그 자리에 있어 감사하다고!

최성희(崔成熙)_강원도 산골, 하늘 아래 첫 동네에서 출생, 순수함과 산골의 열정으로 살아가는, 타인을 사랑하려면 본인을 사랑해야 된다고 외치는 자뻑파. 국어를 전공하고 시인이 되고 싶은 마음을 숨기고 영어 교육을 전공하고 현재 경기도에서 영어교수로 재직하지만, 인간의 심연에 관심이 많아 현재는 뇌 교육을 공부하고 있다.

그 시절 친구들은 그 도랑을 기억할까?

강릉에 '이와' 라는 문화 예술인 모임이 있다. 젊은 끼로 똘똘 뭉친 그들이 용강동 시장(서부시장)에서 창작열을 불태우는 중이다.

상인들의 얼굴을 사진으로 담아 전시하는가 하면, 시장의 쇼윈도우와 벽에 색색이 디자인을 새로 입히고 있다. 그런가 하면 시장 상인들과 함께 라디오 공개방송도 진행하여, 상인들의 얼굴에 함박 웃음꽃을 피우기도 한다.

'이와' 의 용강동 시장 프로젝트는 이제는 희미한 어린 시절의 기억 속으로 나를 데려가곤 한다.

용강동 시장은 내 어린 시절의 기억이 또렷이 담겨있는 곳이다. 갈바리 병원 쪽 홍제동과 작은 도랑을 사이로 나뉘었고, 임당동 천주

교회로 가는 신작로와 또 하나의 경계를 잇대고 있었다.

도랑 건너 홍제동에 사는 나에게 용강동 시장은 늘 호기심과 모험의 신세계였다. 도랑을 따라 강릉초등학교 방향으로 가다보면 두부 공장의 뒤편이 나오고, 그곳에서는 도랑으로 뜨거운 증기가 흘러나왔다. 두부를 무척이나 좋아했던 나에게 부모님은 두부 공장으로 장가를 보낼 거라고 하셨고, 도랑 건너 분주한 두부 공장은 막연한 내 미래의 처갓집이었다.

도랑을 따라 신작로 방향으로 가다보면 시장을 지나 주택가들이 옹기종기 모여 있었다. 그곳에 내 어린 시절 대부분을 보낸 만화방이 두 곳이 있었다.

친구 아버지가 하던 만화방은 옆 가게보다는 덜 엄격하여, 가진 돈보다 만화책을 훨씬 더 많이 볼 수가 있어서, 나는 주로 그 만화방을 이용했다. 그 만화방에서 한글을 익혔고, 세상을 배웠으며, 미래의 꿈도 꿀 수 있었다. 집에서 그 만화방으로 달려갈 때마다 가슴 떨리던 기억은 지금도 생생하다.

용강동 시장으로 들어서면 국수 공장이 있었다. 빨래 널듯이 널려있는 국수들 너머로 밀가루 포대가 있었고, 국수 공장 바닥은 늘 희뿌연 밀가루로 덮여있어서 신발 자국이 또렷이 새겨졌었다.

도랑과 국수 공장 사이에는 가끔은 막걸리를 사러가던 대폿집들이 몇 개 연이어 있었다. 그곳에서 '굳세어라 금순아' 가 흘렀는지는 희미하지만, 창문 안으로 백열전구가 희미한 빛을 발하던 모습은 여

친구 아버지가 하던 만화가게는 가진 돈보다
만화책을 훨씬 더 많이 볼 수가 있었다.

전히 생생하게 남아있다.

지금은 월급쟁이들이 그 낭만을 잃어버렸지만, 당시에는 월급봉투를 가지고 그 대폿집에 들러 삶의 고단함을 막걸리 한 잔과 구성진 노래로 풀어내던 아버지 세대의 쉼터가 되었을 거다.

도랑은 마을을 나누는 경계였고, 우리와 그들을 나누는 구분이었다. 용강동 아이들과 홍제동 아이들은 도랑을 사이에 두고 투석전을 치렀다. 실제로 돌에 맞아 다친 아이가 있었는지는 기억이 나지 않지만, 서로에 대한 이유 없는 미움이 있었고, 용강동 아이들이 달려들면 정신없이 골목으로 도망치던 기억들, 안전한 골목에 가서 숨을 헐떡이며 전의를 불태우곤 했었다.

도랑 넓이가 2미터도 되지 않았을 터인데, 그 도랑을 사이에 두고 우리와 저들은 왜 그렇게 싸우고 손가락질 하면서 살았을까?

나이를 먹고 민속학을 공부할 기회가 왔을 때 비로소 마을 간의 투석전이 우리의 전통이었고, 그 싸움에서 이기면 풍농이 든다는 민속 놀이었다는 것을 알았다. 정월 대보름에 시연되는 사천 하평답교 놀이가 마을 간의 풍농을 겨루는 싸움이었고, 다리 밟기가 가열되면 투석전까지 이어졌다고 하니, 용강동 시장의 자그마한 도랑에서도 그 민속이 이어져왔었나 보다.

용강동 시장에서 도랑을 건너 골말 쪽으로 가다보면, 그 당시 마을 분위기와 전혀 다른 예쁜 조경의 현대식 건물이 있었다.

호주에서 온 수녀님들을 만날 수 있었고, 배급으로 나오던 분유를 얻을 수 있는 곳이었다.

지금은 호스피스 병원으로 꽤 알려진 병원이 바로 그곳이다.

그 병원은 입구에서 병원 건물까지 파란 잔디가 깔려있었고, 시멘트로 사람들이 걸어 다니는 길이 좁다랗게 이어져 있었다.

그 병원에서 친구들과 하던 숨바꼭질, 칼싸움 등 어린 시절의 놀이는 해지는 줄 모르고 어둠이 내릴 때까지 이어지곤 했었다.

가끔 임종의 순간을 갈바리 병원에서 보내는 분들을 접하다보면 내 어린 시절 철없던 시절이 어느새 인생의 황혼들을 만나고 떠나보내는 오십의 나이까지 살아온 게 믿어지지 않고 지금도 갈바리 병원의 어둠 속에서 어머니의 손을 잡고 집으로 돌아가던 그 시절에 머물고 싶은 안타까움을 느끼곤 한다.

도랑을 건너 집으로 가는 골목길은 무척이나 길었고, 어두운 골목을 지나는 건 나에겐 공동묘지를 지나는 담력이 필요했다.

'골목길 접어들 때 내 가슴은 뛰고 있었지'

난 이 노래를 부를 때마다 그 골목길이 생각난다. 가슴 벅차 뛰던 그 가슴이 아니고, 골목길의 그 으슥함이 무서워 오그라들던 가슴이었긴 하지만, 그 골목길에서 우리는 구슬치기도 하고, 술래잡기도 하고, 땅따먹기도 하고, 눈이 내리면 땅을 파 얼음 함정을 만들어놓고 누군가 빠지기를 숨죽여 기다리기도 했었다.

요즘도 외로워지면 그 골목길을 서성이며 이 집, 저 집, 내가 살던 집을 기웃거린다. 골목길을 빠져나와 용강동시장에 다다르면 목조로 지어진 허름했던 그 시장은 사라지고 이름이 서부시장이라고 바뀐 낯선 시장이 막아선다. 어린 시절의 상념에 빠져 있다가 낯선 풍경이 어색해서 주춤주춤 신작로로 나선다.

그 골목에서 놀던 친구들도 용강동시장의 그 도랑을 기억하고 있을까?

장진원(張晋源)_ 아름다운 강릉에서 살아감이 너무 행복하고 , 열정 넘치는 친구들 때문에 즐겁고, 자그마한 방송국(강릉 MBC)에서 프로그램을 만들며 산다는 게 감사하고, 두 아들 얼굴 볼때마다 가슴이 벅차며, 그놈의 수능 마치면 전주 한옥마을과 통영으로 여행을 떠나고픈 오십살 초년병이다.

임당동 시민양화점 아버지 유품 속에 담긴 그리움__최현숙 / **용강동 고향집** 역사가 사라진 그곳에는__황혜련 / **성남동** 신작로가 보이는 작은 방__홍현서 / **강릉 극장가** 할리우드 키드의 시네마 천국__최돈우 / **박월동** 내 마음의 반석__김동기 / **강일여고 운동장** 내 생애 최고의 전성기, 땀으로 물들다!__김정옥 / **사천 진항** 운명의 바다, 그 속살을 보라!__최몽순 / **이명고개** 벌 받았던 그 시절이 그리운 이유__정진희 / **소금강** 시월의 어느 멋진 날__박명순

제3부

하슬라의 향수

아버지 유품 속에 담긴 그리움

가끔씩 지나간 일들이 문득 기억의 창고에서 먼지를 털고 나올 때가 있다. 잊고 있던 오래된 기억이라도 그것과 관련된 물건, 사진, 사람, 장소와 연관된 작은 실마리와도 연결될 땐 더 급물살을 타고 기억 저편에서 빠른 속도로 떠오른다.

엊그제처럼 기억은 선명한데, 어느새 30년 전이다. 강릉우체국에 집배원으로 근무했던 아버지는 갑작스런 장출혈 진단을 받았지만 적절한 치료를 받지 못하고 돌아가셨다. 처음의 통증을 단순한 복통으로 오진하는 바람에 치료 시기를 놓쳤기 때문이다. 마흔다섯의 젊은 아버지는 딸 다섯과 정신도 육체도 아픈 아내를 남기고 5월의 보슬비가 내리던 날, 땅에 묻혔다. 나는 아버지의 장례식 후 맏딸로서 엄

아버지가 근무하시던 강릉우체국

마와 동생들에게 꿋꿋한 버팀목이 되어야겠다는 생각에 눈물도 흘릴 수 없었다. 아버지는 하늘나라에 갔다. 선량한 분이었으니 좋은 곳으로 가셨을 것이다. 결코 나약해지지 말자고 다짐했다.

아버지의 유품을 정리하다 보니 낡은 옷, 전화번호가 적힌 수첩, 면도기 그리고 노란색 전표가 눈에 들어 왔다. '선금 5,000원, 미수금 25,000원' 이라고 쓰인 전표 밑에는 '시민 양화점' 이라고 선명하게 적혀 있었다. 고등학교 입학식을 앞두고 아버지와 함께 아버지 친구 분이 운영하시던 그 양화점에 가서 새 교복에 맞춰 까만 구두를 맞춰 신었다. 아버지가 돈이 부족하다고 하자 양화점 주인아저씨는 천천히 주면 된다고 했다. 그후 아버지가 지나가는 말로 '구두 값을 아직 다 못 줬는데' 하던 생각이 났다. 돈 쓸 곳도 많은데 괜히 나 때문에 생긴 외상 값 때문에 아버지가 친구처럼 지내는 분한테 떳떳하지 못하고 궁색하게 비쳐지는 것은 아닐까하는 마음에 죄책감이 들었기 때문에 아버지의 그 말은 내 기억 속에 남아 있었다. 그런데 미수금이 남아 있는 전표를 보니 아버지는 미처 구두 값을 다 갚지 못하시고 가셨을지도 모른다는 생각이 들었다. 마음이 안정되고 정리가 되는 대로 찾아뵙고 아버지가 갚지 않았다면 외상값을 갚아 드려야지 생각했다.

그런데 아버지가 돌아가신 후 한 달도 지나지 않아 동생이 베란다에서 떨어져 큰 부상을 입어 병원에 한 달이나 입원해 있어야 했다. 당시 의료보험이 시작된 때였으나 아버지가 돌아가셨으니 의료보험 혜택도 받을 수 없어 치료비로 쓴 돈이 아버지 퇴직금의 십분의 일이었다. 게다가 남아있던 퇴직금마저도 6개월 만에 사기를 당하는 등 연이은 불행에 가족들은 분노와 상실감이 주는 고통에 힘겨워했다.

그후 난 '시민 양화점' 앞을 지날 때마다 죄인처럼 고개를 숙이고 발걸음을 재촉하며 지나다녔다. 가슴은 두근두근 거리고 얼굴이 확 달아오르고 식은땀이 났다. 계속되는 고단한 생활고로 아버지의 외상 값을 제 때 갚지 못한 죄책감은 돌덩이처럼 언제나 마음을 눌렀다. 생계비가 없어 끼니 걱정을 해야하는 형편인데 어쩔 수 없지 하면서 스스로를 합리화하기도 했지만, 마음을 지배하고 있는 양심에서 자유롭지 못했기 때문이다.

양심은 때로 마음을 즐겁게도 하고 우울하게도 만든다. 마음에 한 점 부끄러움이 없다면 홀가분한 마음으로 지낼 수 있지만 반대의 경우 남이 알건 모르건 관계없이 자신의 마음은 가책을 느끼면서 마음과 행동이 위축되어 우울하고 불안해진다. 시민 양화점 앞을 지날 때면 갚지 못한 외상값에 대한 마음의 부담감 때문에 꽤 오랫동안 힘

싱
시민양화점
홈패션
시민
돌아가자...

들었다. 차라리 찾아뵙고 사정을 솔직하게 말씀드렸더라면 나았을 텐데 그때는 왜 그런 생각을 하지 못했을까? 늘 후회로 남는 부분이다. 작은 규모의 가게였지만 늘 부지런히 일하시며 친절하게 손님을 맞으셨던 그 분은 내가 찾아가서 솔직하게 말씀드렸으면 충분히 받아주시고 이해해 주실 성품을 지닌 분이라고 지금도 믿고 있다. 그런 분께 아버지의 외상값을 알고 있으면서도 모른 척한 내 자신이 부끄러울 뿐이다.

이젠 아버지 친구 분 연세도 팔십 가까이 되셨을 것 같다. 강릉시 임당동 '시민 양화점' 이 있던 자리엔 오토바이 대리점이 들어섰다가 지금은 4층 건물이 들어서 있다. 오랜 세월을 보낸 후 외상값을 갚으려고 몇 번 그 자리에 찾아가 보았지만 그분을 아는 사람을 만날 수가 없었다. 그분의 존함조차 알 수 없으니 찾기가 더 어렵다. 그래서 더 안타깝다. 지금도 그 시민 양화점이 있던 자리를 지날 때면 갚지 못한 구두 값에 대한 미안함 때문에 마음이 무겁다. 지금, 이 글을 쓰면서 생각해보니 아버지가 구두 값을 갚지 않으셨다는 것도 나만의 판단이고 생각일 수도 있겠다는 생각이 든다. 하지만 난 그때 그분을 찾아가서 갚지 못한 외상 값이 있었는지 확인했어야 했다. 애써 외면하고 모른 척 했던 그 일을 생각하면 나도 모르게 자꾸 얼굴이 붉어진다. 비록 남루하고 열악한 삶의 조건이었지만 구겨진 옷을 정성껏 다리듯 반듯하게 한 점 주름살을 만들지 말았어야 했다.

그러나 생각해 보면 마음의 빚으로 남아 있는 건 갚지 못한 '구두 값' 뿐만이 아니다. 낳아주고 길러주신 부모님의 따뜻한 보살핌과 사랑도 큰 빚이고, 오고 가는 인연 속에 만난 아껴주고 사랑해주는 사람들에 대한 마음의 빚, 어려울 때 가족처럼 관심 가져준 이웃들에게 갚지 못한 마음의 빚, 친구들이 베풀어준 소중한 우정과 배려 등 갚지 못한 마음의 빚은 너무 많다. 그러고 보면 우리는 참 많은 빚을 지고 사는 셈이다. 이런 빚은 때로 우리가 세상을 어떤 자세로 살아야 하나 하는 의미로 다가오기도 한다.

강릉시 임당동 '시민 양화점' 그 언저리에 대한 기억을 더듬으니 아버지에 대한 그리움이 커진다. 무거운 우편 행낭을 어깨에 짊어지고 다니시다 가끔은 '시민 양화점' 에 들어가 시원한 냉수 한 컵을 들이켜며 삶의 애환을 이야기하셨을 아버지의 발자국이 지금도 어딘가에 남아 있는 것만 같다. 그리고 갚지 못한 외상값에 대한 마음의 빚에 대한 양심의 소리를 짓눌러 버리고 지냈던 부끄러운 순간은 닦아도 닦아도 지워지지 않는 얼룩처럼 애잔하다.

최현숙(崔賢淑)_ 딸만 다섯인 집 맏이로 태어나 몸과 마음이 고달픈 적 많았지만 홍제동 수도국 뒷산에 앉아 대관령 능선을 물들이는 노을과 바다를 바라보며 위로를 받았다. 초등학교 때 친구에게 인형옷을 8절지에 꽉 차게 그려주고 세계명작전집 1권씩 빌려 읽었던 책 덕분에 지금은 도서관 등에서 독서지도를 한다. 수필집『내마음의 풍경』과 다큐동화 『6.25를 아니 애들아?』를 냈다.

역사가 사라진 그곳에는

혼자서 터벅터벅 북한산을 내려오다가 전화 한 통을 받았다. 강릉에 관한 글을 써 달라는 동창의 전화였다. 난감한 마음이 앞섰지만 피해갈 수 없을 것 같아 얼떨결에 수락을 하고 말았다. 그때부터 하산길이 즐겁지 않았다. 대체 뭘 쓰지? 곰곰이 생각해도 기억이 가서 맞닿는 접점이 없었다. 그럴 경우에는 죽어 있는 글이 되기 십상이어서 차라리 쓰지 않는 게 좋다. 그런 글은 글재주의 문제가 아니라 진정성이 담겨야 하기 때문이다. 고향에 관한 글감 하나 건지지 못하고 있는 내 빈약한 추억에 자괴감이 들며 나는 거절의 문자를 보낼 작정으로 산을 내려왔다.

그러다 문득 산을 다 내려왔을 때 내 촉수가 어느 한 지점에 가서 닿았다. 우리 집! 그래, 우리 집을 쓰자. 고향, 아니 강릉에 관한 얘깃거리에 우리 집만 한 게 어디 있으랴. 물론 누구나 집에 관한 추억을 갖고 있다. 그것은 지극히 사적이어서 본인에겐 중요할지 몰라도 다른 사람에겐 소소한 일상으로밖에 비춰지지 않을 것이다.

내가 집에 관한 얘기를 쓰기로 한 건 50년 넘게 단 한 번의 이사도 없이 살아온 우리 집이 지금은 흔적 없이 사라져버려서다. 이렇게라도 남기지 않으면 기억에서조차 멀어질까봐.

우리 집은 용강동 서부시장 근처였다. 중앙시장과 동부시장은 많이 알아도 서부시장을 아는 이는 많지 않을 것이다. 나 역시도 용강동 시장 옆에 본가를 두고서도 그 시장의 이름이 서부시장이라는 건 얼마 전에야 알았으니까.

그런데 그 집이 5년 전에 헐렸다. 재래시장 활성화라는 기치 아래 주차장을 만든다는 명목으로 시장과 담을 끼고 있던 우리 집이 자취도 없이 사라졌다. 요즘처럼 들고나는 게 잦은 시대에 이사 한 번 하는 게 무슨 대수냐고 할지도 모르겠다. 지금 살고 있는 일산의 아파트도 한 곳에서 13년을 사는 동안 앞집은 주인이 여섯 번이나 바뀌었다. 세태가 그렇다 해도 50년 넘게 한 곳에서 뿌리 내리고 살아온 삶을 뒤흔들어 놓아서는 안 된다.

우리 집은 부모님이 결혼하면서부터 그 집에서 살기 시작해 제일 큰 오빠의 나이가 쉰여덟이 되었으니 50년 이상을 그 집에서 산 셈이다. 우리 5남매 모두 그 집에서 성장하고 결혼도 했다. 구옥이라 좁고 낡은데다가 겨울에는 추웠지만 그런 불편함이 집을 떠날 이유는 되지 못했다. 우리에게 집은 뿌리이자 한 가정의 역사였지 편리함을 좇아 여기 저기 떠도는 임시 거처가 아니었다. 더구나 아버지가 말년에 치매를 앓고 있어서 우리에게 살던 집은 더 절박했다. 아버지는 모든 기억을 잃어가면서도 유독 그 집만은 또렷하게 기억했다. 어머니 역시 그 집은 당신의 분신과도 같았다. 바로 옆에 있는 서부시장에서 가족의 먹거리를 모두 해결했고 5분 거리에 있는 성당을 다니며 평생 가족의 안위를 기원했다. 부모님에게 우리 집은 사는 이유를 넘어 그냥 삶 자체였다.

그런 우리 집이 행정하는 사람들의 배를 불리느라 반나절 사이에 흔적도 없이 사라졌다. 시장 담을 끼고 모두 다섯 집이 있었는데 하나 둘 집을 비우고 떠나가자 우리도 떠나야하는 건 기정사실처럼 되어갔다. 옆집이 이사를 가자 시청에서는 시위라도 하듯 포크레인을 몰고 와 집을 밀어버렸다. 이빨 하나가 빠져버린 골목 안은 흉흉했다. 또 다른 집이 떠나가자 골목은 오목 요철처럼 들쑥날쑥해졌다. 버티는 데도 한계가 있었다. 치매인 아버지가 그 집을 떠났을 때 벌어지게 될 불상사가 염려되었지만 우리도 결국은 보따리를 쌀 수밖에 없었다. 우리가 집을 비우자 기다리고 있던 사람들은 중장비를 몰고 와 반나절 사이에 밀어버렸다. 강릉에만 오면 눈 감고도 찾아가던 우리 집이 감쪽같이 사라져버린 것이다.

집이 없어지면서 우리 가족의 추억도 역사도 모두 사라졌다. 우

용강동 서부시장

재래시장 활성화라는 기치 아래 주차장을 만든다는 명목으로

시장과 담을 끼고있던 우리 집은 자취도 없이 사라졌다.

려했던 대로 아버지는 그 집을 나와 새 집에서 결국 1년도 못 살고 5개월 만에 돌아가셨다. 아버지는 돌아가실 때까지 우리 집에 가자고 조르다가 당신이 왜 이런 낯선 집에 와 있는지도 모른 채 세상을 떠났다.

나는 지금도 1년에 서너 번은 강릉에 가지만 우리 집이 아닌 다른 곳으로 가고 있는 내가 여전히 어색하다. 그래서 강릉에 가면 우리 집이 있던 용강동 서부시장 골목길을 꼭 가보게 된다. 집들이 옹기종기 모여 있던 자리에 자동차 몇 대가 휭 하니 서 있다. 그 골목 사람들의 삶을 빼앗으면서 만들어진 주차장인데 그 전이나 후나 서부시장은 뭐 그리 활기 있어 보이지 않는다. 왠지 당한 느낌이다.

내 나이 오십, 나는 오랜 도시 생활이 권태로워져 다시 낙향을 준비하고 있다. 떠나올 땐 다시 돌아갈 생각 같은 건 없었다. 그러나 나와 보니 강릉만 한 데가 없었다. 강릉에 있을 때는 몰랐는데 나와서 보니 강릉이 아주 잘 보였다. 앞으로 내가 살 집 옆에 소나무와 바다가 같이 있다면 금상첨화겠다. 강릉에서 소나무와 바다가 같이 있는 곳을 찾는 건 어렵지 않다. 그런 곳이 강릉이다.

황혜련(黃惠蓮) _ 강릉 시내 중산층, 그저 그런 집에서 태어나 그저 그렇게 자랐다. 그저 그렇게 사는 게 싫어 강릉을 떠났으나 아직도 그저 그렇게 살고 있다. 운이 좋아 문단에 입적은 했으나 이렇다 할 문제작 없이 일산 호수공원 옆에서 소설을 쓰며 살고 있다.

성남동

신작로가 보이는 작은 방

"퍽!"

"아얏! 눈덩이를 던진 놈이 누구야?"

겨울이 오면 내가 태어난 성남동 고향집에서 흔히 벌어지던 광경이었다.

강릉시 남대천 줄기에 있는 내 고향, 그곳에는 어린 걸음으로 5분이면 나의 욕구를 충족시켜줄 수 있는 것이 많이 있었다.

여름이면 알몸으로 목욕할 수 있는 깨끗한 남대천이 있었고, 이름 모를 풀꽃들을 보며 걷던 철둑길도 있었다. 나는 친구들과 남대천으로 가서 부끄러움을 다 벗어 버리고 해가 질 때까지 물놀이를 하다가 집으로 돌아오곤 했다. 또 철둑을 걷다가 철길 사이에 아슬아슬하게 피어난 작은 풀꽃들이 안타까워서 하염없이 들여다보기도 했다. 가을이면 철둑 옆에 무리지어 코스모스가 피어 하늘하늘 흔들렸는데 그 모습에 홀려 눈길을 떼지 못하곤 했다.

그리고 만화책방, 옥천예식장, 옥천초등학교가 가까이 있었다. 만화책방은 종일 만화책을 볼 수 있어서 좋았다. 어쩌다 용돈이 생기면 쪼르르 만화방으로 달려가 시간가는 줄도 모르고 만화를 보다가 어둑한 하늘을 뒤로하고 집으로 돌아오면 부모님의 불호령이 기다리고 있었다. 예쁘게 단장한 신랑, 각시가 결혼식을 올리던 옥천예식장은 신부의 눈부신 하얀 드레스가 부러워서 가끔 웨딩드레스를 입는 즐거운 상상에 빠지게 했다.

학교 수업이 끝나면 정미, 진희를 비롯하여 단짝 친구와 학교 운동장 벤치에 앉아 서로의 꿈을 이야기하고 미래를 그려보며 깔깔거리며 재미있는 시간을 보냈다.

그 외에도 추억을 들추면 미소 짓게 하는 곳이 바로 내 방이다. 앉은뱅이책상, 조립식 옷장, 사방 60㎝ 정도의 작은 창……. 그 방은 중학교 3학년까지의 추억이 고스란히 스며있다.

내 방 창을 열면 사람들이 지나다니는 신작로여서 오가는 사람들을 자연스레 볼 수 있었다. 겨울이면 오빠와 함께 창문 밖으로 지나가는 사람들을 향해 눈덩이를 날리는 짓궂은 장난도 했다. 그런 행동이 무엇을 의미하는지도 모른 채 오빠와 나는 창문 밑에 숨어들어 킥킥거리거나 때로는 조마조마한 심정으로 지켜보며 재미있어 했다.

작은 앉은뱅이 책상, 조립식 옷장, 작은 창
비가 오는 날에는 아랫목에 배를 깔고 이불 밑에서 만화책을 읽었다.

내 방은 작은 몸집의 계집아이가 생활하기에는 아주 넉넉한 공간이었다. 비가 오는 날은 아랫목에 배를 깔고 이불 밑에서 만화책을 읽거나 때로는 창밖으로 떨어지는 비를 하염없이 바라보며 사춘기다운 상념에 젖어들기도 했다. 중학교에 입학해서는 사춘기를 겪으면서 봉긋해진 가슴을 감쌀 수 있는 속옷을 누구에게 들킬세라 책상 밑에 몰래 숨겨놓았다.

마작을 좋아하셨던 아버지는 가끔 친구 분들을 집으로 초대했다. 그리고는 내 방에서 친구 분들과 마작을 하면서 재미있게 보냈다. 마작과 담배로 방을 어질러 놓기는 했지만 그런 날은 심부름 값을 톡톡히 받을 수 있어서 내심 기다리기도 했다.

지금도 그렇지만 나는 어린 시절 거미만 보아도 기절할 정도로 겁이 많았었다. 그런 내가 가족 모두 외출을 나가고 혼자남아서 집을 지킬 때도 있었다. 그럴 때마다 나는 혼자라는 사실이 무서워 사방팔방 문이란 문은 모두 열어젖히고 집을 지켰다. 그렇게 하면 지나다니는 사람들이 보일 것이고, 그 지나가는 사람들이 보이기만 해도 무서움이 덜 할 것 같았다. 그러다보니 어떤 날은 열린 문으로 이상한 남자가 불쑥 들어오기도 했다. 그럴 때는 그 사람이 이웃 아저씨인지 아니면 먼 친척인지 알려고도 하지 않은 채 무조건 집은 팽개치고 맨발로 줄행랑을 쳤었다. 그리고 저녁노을이 내려앉을 때까지, 엄마가 밥 먹으라고 부를 때까지 꼼짝 않고 숨어 있었다. 그 때는 왜 그렇게 무서웠는지 가끔 그 시절을 생각하면 웃음이 나왔다.

내게 꿈과 이상을 심어주고 자라게 한 곳, 소중한 기억과 추억이 깃들어 있는 성남동 고향 집! 그곳에 있었던 모든 일이 그립다. 생각만 해도 손에 잡힐 듯, 금방이라도 돌아갈 수 있을 듯한데…….

"엄마!"

중학생인 딸이 옆에서 꿈을 꾸듯 그리움에 젖어 있는 나를 깨운다. 딸을 보면서 나는 다시 현실로 돌아온다.

가슴이 아려온다.

홍현서(洪晛瑞)_성남동 남대천 줄기에서 나고 자랐으며 바라던 바가 잘 이루어지지 않던 2007년, 어린 날 쓰던 이름을 버리고 개명하였다. 노래쟁이가 되고자 했으나 고루한 생각이 뼛속 깊이 새겨진 까닭에 사범대를 졸업하고 지금은 중학교에서 27년째 학생들을 가르치고 있다. '늘 꿈꾸고 꿈을 향해 부지런히 가는 사람의 미래는 밝다' 는 생각으로 실천하는 삶을 살고 싶다.

할리우드 키드의 시네마 천국

오래 지난 기억을 더듬어 보았다. 지금은 모두 없어지고 추억 속에서만 자리하고 있는 강릉 시내 극장들이 떠올랐다. 우리가 어렸던 시절만 해도 극장이 참 많았다는 생각이 든다. 임영 관아 옆 우체국 자리에 있던 시민관을 비롯하여 강릉극장 · 동명극장 · 신영극장이 있었고, 이후에 시민관과 강릉극장은 없어지고 그 대신 중앙극장과 롯데리아극장이 생긴 걸로 기억한다.

당시엔 큰 건물들이 그다지 많지 않았는데 시내에서 가장 큰 건물은 단연 극장이 차지했고, 영화관 주위엔 항상 사람들로 붐볐으며 모든 문화와 생활권은 영화관을 축으로 이루어졌다.

극장의 용도는 영화상영 뿐만 아니라 행사와 공연용으로도 쓰였

강릉극장　　시민관

는데, 당시 흥행을 감안했을 때 웬만한 돈을 들이지 않고는 극장을 대여해서 다른 용도로 사용한다는 것이 쉽지 않았으리라 짐작된다.

그 당시는 학교 단위로 영화 단체관람이 많았다. 반공영화나 역사와 관련된 영화가 오면 학습 차원에서 그랬던 것 같은데 어쨌든 그것도 나름 재미는 있었던 것 같다. 관람석 복도는 물론 입석까지 학생들로 빼곡히 들어찬 에어컨도 없는 영화관에서 땀을 삐질삐질 흘리면서 영화를 관람하던 생각, 나는 키가 유난히 작아서 입석으로는 도저히 화면이 잘 보이지가 않아 내내 까치발을 하고서 몇 시간동안 서 있기도 했는데 북새통 같은 사람들 틈에 끼어 영화를 보고나면 허리가 뒤틀려 몹시 힘들었던 기억이 난다. 좌석은 지정석이 아니어서 자리 쟁탈전을 벌이느라 의자를 타 넘어 가는 등 난리법석을 떠는 진풍경이 벌어지기도 했다. 중간에서부터 본 영화는 다시 보다가 앞서 보았던 곳까지 보고 나오기도 하지만 전체 스토리를 엮기 위해 끝날 때까지 한 번 더 보곤 했었다. 성질 급한 사람은 본 장면이 나오면 엉덩이를 들고 일어서지만, 뒷부분을 먼저 보고 앞부분을 나중에 보는 꼴이니 스토리가 제대로 기억되었을지 의문이다. 더구나 외국 영화는 더빙이 안 되어 자막을 일일이 읽으면서 보아야 했다. 그래서 집중하지 않으면 전체 내용을 이해하기가 쉽지 않았다.

때로 돈이 모자라거나 아예 없을 땐 영화관 화장실 문을 타 넘고 몰래 들어가 보기도 했다. 그때 지키던 사람에게 걸리기라도 하면 혼쭐이 났다. 네 곳 중에 비교적 가장 허술했던 곳이 동명극장이 아니었나 싶다. 동명극장은 남대천 쪽으로 화장실이 나 있어 뚝방 쪽에서 창문 타 넘기 진입을 시도하면 성공률이 높았다. 또는 영화가 끝나고 나올 때 물밀 듯 밀려나오는 인파를 뚫고 그 속에 섞여서 거꾸로 들어가기만 하면 공짜로 볼 수 있었다.

단체관람이 아니더라도 명절이나 특별한 영화라도 오는 날이면 영화관은 그야말로 입추의 여지가 없을 정도로 붐볐다. 놀이 문화가 많지 않았던 그 시절 영화는 남녀노소 누구에게나 관심의 대상이었다. 특히 나는 영화를 좋아해서 친구들과 같이 영화를 보러가는 일이 잦았다. 때론 선배들이 같이 가자고 해서 가기도 했다. 그런데 자기들만 쏙 들어가고 표를 사주지 않아 입구에서 그냥 돌아와야 했던 기억도 난다.

한번은 동네 친구가 돈이 생겼다고 하면서 영화를 보러가자고 했다. 다른 때보다 돈의 여유가 있어 오랜만에 맛있는 것도 사 먹고 신나게 영화를 보고 집에 왔다. 그런데 다음 날 느닷없이 친구 어머니가 인상을 잔뜩 찌푸린 채 우리 집에 찾아와서는 애써 한 푼 두 푼 모

너 돈 있냐? 저거 볼까?

아놓았던 돼지저금통에 들어 있던 돈을 가지고 가서 다 썼으니 물어내라고 했다. 어머니는 내가 쓴 만큼의 돈보다도 더 많은 돈을 갚아주었고 나는 어머니께 심한 꾸중을 들어야 했다. 그때 친구에게 속은 듯한 묘한 기분은 오래도록 뇌리에 남아 있다.

당시 보았던 영화 제목들을 생각나는 대로 열거하자면, '성웅 이순신', '엄마 없는 하늘 아래', 6·25전쟁을 소재로 한 진유영 주연의 '들국화는 피었는가?', 고교얄개 시리즈 등 국내 영화도 유명했지만, 크린트 이스트우드 주연의 '황야의 7인', '쇼군', '죠스' 등 외국 영화도 꽤 많이 보았다. 그 가운데 찰톤 헤스턴이 주연한 '벤허' 와 같은 영화는 지금도 수작에 속한다. 성룡, 이소룡 주연의 영화들도 인기가 많았는데 미소를 잘 짓는 성룡은 여학생들이 그리고 인상파인 이소룡은 남학생들이 좋아했고 특히 이소룡이 입었던 운동복은 남학생들에게 선망의 대상이었으며 쌍절곤을 사서 따라 흉내 내다 머리와 등을 수없이 맞아 시퍼렇게 멍이 들기도 했었다.

지금은 디지털 산업이 발달해 모든 것이 컴퓨터로 처리되지만 당시엔 사람의 손을 일일이 거쳐야만 해서 영화 간판도 화가가 직접 포스터를 그려서 붙였다. 겹겹이 이은 큰 나무판에 물감으로 그림을 그려내는데 정말 그림 솜씨가 좋았다. 화가의 소질에 따라 그림 실력도 달라서 극장마다 제각기 특색이 있었다. 간판 그림이 영화의 홍행에도 어느 정도 영향을 끼쳤다고 본다.

또한 영화를 알리기 위해 홍보용 카드를 만들어서 나누어 주곤 했는데 그걸 취미로 모으는 아이들도 있었다. 운이 좋으면 지난 영화 포스터 원본도 얻을 수 있었다. 나도 제법 많은 카드를 가지고 있었는데 지금까지 잘 보관해 두었더라면 하는 아쉬움이 남는다.

관람료가 조금 싼 영화관은 화질이 별로 좋지 않거나 재상영이 많았다. 관람 도중 필름이 자주 끊어지기도 했는데 갑자기 필름이 끊어지기라도 하면 영화관은 졸지에 암흑으로 변했고 다시 상영하기까지는 한참이 걸렸다. 단체관람 도중 필름이 끊어지면 관중들은 손가락을 입에 대고 삑삑 소리를 내며 야유를 보내기도 했다. 두 시간 이상의 긴 영화는 중간에 쉬는 시간도 주었다. 영화관 안에는 그야말로 깜깜해서 밖에 있다 처음 들어가면 아무것도 보이지 않아 팔로 벽을 더듬거리다가 본의 아니게 다른 사람의 신체 부위를 만지기도 하고 계단을 헛디뎌 넘어지기도 했다.

영화관 하면 또 영화관 매점에서 사먹는 군것질을 빼 놓을 수 없다. 가장 인기가 높았던 것은 아마도 쥐포가 아니었나 싶다. 연탄불에 살짝 구워서 신문지에 싼 채로 조금씩 찢어먹던 짭짤한 쥐포 맛은 지금도 잊을 수가 없다. 영화가 끝이 나면 다음 상영시간 때까지 청소하는 사람들이 의자 사이에 버린 쓰레기들을 치웠다. 극장 바닥은 아이스크림 봉지 등 각종 쓰레기들로 넘쳐났고 청소부들은 관람객들 사이를 비집고 다니며 빗자루를 쓸어대는 통에 다리를 들고 비켜주어야 했다.

생각해 보면 영화를 시작하기 전 행사도 많았던 것 같다. 쉬는 시간에는 상품 선전 광고 영상, 본 영화 시작 전 애국가가 나오면 모두 일어나 애국가를 따라 불러야 했으며, 대통령 동정으로 가득 찬 국정 홍보용 대한늬우스, 다음 영화 예고편 등은 보기 싫어도 필수적으로 보아야 했다. 집에 TV가 많지 않던 시절이니 영화관의 홍보는 그 효과가 매우 높아서 광고 수입도 만만치 않았을 걸로 짐작된다.

거리에는 극장에서 상영 중인 영화들을 광고하기 위해 전봇대나 조금 넓은 벽에는 영화 포스터들로 넘쳐났는데 굳이 멀리 가지 않아도 곳곳에 포스터가 붙어 있었기 때문에 극장에서 무슨 영화를 하는지 쉽게 알 수 있었고, 심지어는 상영 날짜가 채 지나가기도 전에 다른 영화관에서 경쟁적으로 포스터를 그 위에 덧대어 붙이곤 했다. 상영이 끝난 포스터는 극장에 부탁하면 공짜로 얻을 수도 있었다.

어떤 경로인지는 몰라도 공짜표도 가끔 얻을 수 있었는데 아마 극장에서 홍보용으로 뿌린 것으로 생각된다. 나도 시내에 아는 가게가 있어 어쩌다가 공짜표를 얻어 관람하기도 했었다. 영화관에 아는 사람이라도 있으면 그야말로 무사통과인데 친구 한두 명 쯤은 덤으로 들여보내 주기도 해서 얼마나 부러웠는지 모른다.

몇 년 전 '써니' 란 영화가 많은 인기를 끌었었는데, 배우들이 입은 옷이며 시대적 배경과 풋풋한 우정 등 감성을 자극하는 줄거리는 비슷한 시대를 살았던 사람들의 공감대를 끌어내기에 충분해 많은 주목을 받았고 흥행에도 제법 성공적이었던 것을 보면 추억은 누구에게나 소중한 기억이 아닌가 싶다.

머지않아 강릉에 안성기 영화 박물관이 생긴다고 하니 한편으로 기대가 된다. 지난해 강릉에서 열렸던 세계무형문화 축전 전시관 한 편에 마련된 초등학교의 옛 모습 재현 코너에서 잠시나마 아른거리는 추억을 더듬어 보았는데, 영화 박물관에 가면 여기에 쓴 이야기들의 실제 이야기들을 확인해 볼 수 있으려나?

최돈우(崔燉禹)_시골 촌놈으로 태어나 '전쟁이 나도 공무원은 안 굶어 죽는다' 는 부친의 유지를 받들어 철밥통이 되었다. 타고난 역마살과 호기심 하나를 취미로 삼고 진정한 고수가 되기 위해 여기 저기 집적거리고 있다. 몸과 기억이 쇠퇴하기 전, 죽을 때까지도 못다 이룰 80여 가지의 꿈들을 매일같이 읊조리며 살고 있다.

내 마음의 반석

강원도 강릉시 박월동 149번지. 내 본적지이다. 박월동에는 국민학교 다니기 전까지 살았던 기억이 있다. 아버지께서 지방공무원이어서 유아기에 주문진, 옥계, 성산 등지로 옮겨 다녔으나 박월동에 본가가 있어 자주 갔기 때문에 내 어린시절 추억은 박월동에 관련된 것이 거의 전부다.

박월동은 모산 하시동 금광리 가운데에 있다. 내가 살던 곳은 솔밭가운데 집이 있었다. 약 200~300미터 거리에 앞뒤에 두 분의 작은할아버지 댁도 있었다. 우리 집은 산골댁이라고 불렀다. 솔밭 사이에 고즈넉히 자리한 흙마당은 작은 기와집을 품고 있었고 맞은편에 호박넝쿨을 머리에 인 초가집도 있었다. 마당엔 감나무와 어른들이 막

걸리를 나누며 힘들게 파내려가는 것을 직접 본 우물이 있었다. 몇 걸음 뛰어가면 작은 밭과 둔덕에 회색 고흙이 많은 실개천도 있었다. 또 닭, 강아지, 잠자리, 제비, 개미, 쇠똥구리들이 같은 마당을 쓰고 있기도 했다. 붉으스레한 기운을 띈 늘씬하고 늘름한 소나무들이 호위무사처럼 집을 에워싸고 있었다. 초저녁 기울어가는 빛의 기운과 무겁게 스며드는 어둠이 엎치락 뒤치락 실랭이를 벌일 무렵이면 나는 군불을 때기 위해 소갈비와 송진 꼬챙이를 찾으러 숲을 어슬렁거렸다.

이곳은 내 마음의 뿌리가 되었다. 힘든 일이 있거나 복잡한 일로 심난할 때 내 마음 속으로 박월동 솔밭과 집이 찾아온다. 나를 감싸주고 어루만져 주고 잠시나마 안식을 준다. 짧은 기간의 생활이었지만 자연 속에서 보낸 시간이 내 마음의 든든한 반석이 된 것이다. 돌이켜보면 나는 이곳에서 많은 것을 배웠다.

박월동 집은 부엌이 매우 컸다. 요리하는 곳이 아니라 일터 같았다. 윤기 흐르는 뚜껑을 가진 커다란 솥과 저녁 무렵 나의 놀이터가 되기도 했던 큰 아궁이, 풍로, 멍석 등이 있었다. 새미있게 생긴 많은 쟁기들이 있던 창고가 잇달아 있었다. 그리고 부엌 바로 옆에 긴 여물통이 머리를 내밀고 있는 소외양간이 있었다. 까만 눈동자가 흰 부분보다 훨씬 더 많은 큰 눈망울 때문에 보기만 해도 먹먹한 감정을 불러일으키는 등짝 넓은 소가 늘 같이 생활하고 있었다. 가끔은 소가 친구가 되기도 했다. 아저씨랑 같이 소 꼴 먹이려고 조그만 구릉을 같이 오르내리곤 했는데 소와 이러쿵저러쿵 말을 주고 받았다. 소는 어떤 때는 아저씨 같고 또 어떤 때는 심술궂은 친구나 햇언나* 같기도 했다. 능구렁이 같다는 생각도 들었다. 자연 속에서 동물과 벗을 삼고 서로를 위하는 마음을 배웠다.

그곳에서 살던 때가 60년대 후반과 70년대 초반이었으니 요즘같은 플라스틱 어린이 장난감 같은 게 있을 리 만무했다. 그러나 자연은 참으로 많은 천연 장난감과 신나는 놀이를 주었다. 솔밭에는 솔방울이 널려있다. 가까운 동네에서 모인 아이들과 솔방울 싸움을 자주 했다, 솔방울에도 여러 종류가 있다. 속이 단단하고 옹골차게 생긴 것들이 멀리 날아가고 적에게 많은 충격을 준다. 크고 넓게 벌어져 있는 솔방울은 바람의 저항 때문에 멀리가지 못하고 별로 아프지도 않다. 가끔은 느르배기**를 이용하여 솔방울을 탄환처럼 쓰기도 했다. 눈두덩이에 커다란 멍 때문에 이 놀이는 어른들의 견제가 심했다. 놀이는 단순하지만 어디론가 흩어졌다가 한꺼번에 기습 공격을 하자는 작전도 짜고 서로 응원도 하고 나름대로 많은 머리를 쓰곤 했다.

좀 더 평화로운 놀이로 진돌이라는 게 있었다. 일종의 술래잡기 놀이인데 서로 상대편의 소나무를 정해놓고 먼저 상대쪽 소나무에 손을 대면 이기는 것이다. 좀 과장하면 미식축구와 같은 요소도 있다. 솔밭이 떠나가도록 소리를 지르면서 뛰어다니곤 했다. 비석으로 땅

---

* 갓난아기의 영동지방 방언

** 새총 놀이의 강릉 방언

따먹기 놀이도 했다. 미술 작품을 접해볼 기회는 없었지만 실개천 가에 있는 고흙으로 탱크, 지게, 리어카, 개, 소, 닭 등 여러 형상 만들기를 하였는데 아주 훌륭한 조각 수업이었다. 고흙과 솔방울, 솔잎, 자갈, 나뭇가지 등을 결합해 재미있는 작품들을 스스로 만들고 그늘에 말리는 과정을 거쳐 서로의 것을 비교해 보고 뽐내기도 하였다.

솔밭을 가로지르는 황토 길에서 세발자전거를 탔는데 지금 생각하면 그때 기분이 F1 경기 참가자 정도로 느꼈던 것 같다. 깨를 수확하면 도리깨질을 하는 것을 보고 몇 번 시도해 보기도 하였는데, 이것은 운동신경이 둔한 나의 골프 스윙 연습에 큰 영감을 주고 있다. 요즈음에는 스포츠와 놀이를 사설 체육관 같은 곳에서 돈을 내고 배우는 경우가 많은데 우리 세대에는 무료로 자연을 선생님삼아 그렇게 놀이와 집단생활을 배웠다.

솔밭 가운데 길로 눈이 어두운 할머니를 모시고 두 분 작은할아버지 댁을 자주 오고갔다. 갈 때마다 엿, 곶감과 단감, 말린 감껍데기, 감주, 과질, 옥시끼 등이 내 눈앞에 펼쳐졌는데, 어린 마음에 단 것들이 다락 썰독에 무한정 쌓여 있을 것이라고 짐작했다. 일곱 살 때 즈음 강릉 시내로 이사간 이후에는 제사를 지내러 어머니와 교동에서 걸어서 임당동과 노암동 공설운동장 옆을 지나 모산으로 해서 많은 솔밭을 지나 박월동까지 갔었는데 그 길이 매우 험하고 멀게 느껴졌다. 어머니는 음식을 잔뜩 머리에 이고 가곤 했다. 나는 다리 아프다고 투덜거리곤 했는데 어머닌 그때마다 "조선 천지에 니처럼 참을성

니 막내 외삼촌은 6.25 피난때 그 두꺼운 오바를 들고 을매를 걸어갔는데
니는 이거또 못 걷는다고 난리나, 아가야

없는 아는 없을끼다. 니 막내 외삼촌은 6·25 피난 때 그 두꺼운 오바를 들고 을매를 걸어갔는데 니는 이거또 못 걷는다고 난리나, 야가야!" 하곤 했다. 참으로 힘든 여정이었지만 그 길은 걸어간 만큼 보답을 해주었다. 용돈과 먹을거리가 풍부한 박월동은 언제나 나를 반겨주었다. 박월동으로 이어지는 신작로, 진흙 길과 솔밭 길은 나에게 인내의 단맛을 나름 맛보게 해주었다.

어느 날 한밤 중 솔밭을 가로질러 있는 이웃집에서 큰 불이 났다. 어른들은 불을 끄기 위해 대야로 정신없이 물을 나르고 있었으나 어린 나는 그냥 멀찌감치 서서 구경할 수 밖에 없었다. 초가집이었기 때문에 불은 삽시간에 집 전체를 집어삼켰다. 집 주인은 대성통곡을 하고 있었다. 나는 그 와중에도 큰 불길이 장관으로 느껴졌다. 붉은 색으로 시작한 불은 마른 짚을 뒤덮고는 다양한 빛깔로 변신하면서 평소에는 볼 수 없는 색감으로 넘실거리는 혀같이 타오르고 있었다. 집주인 아주머니의 비명은 귀에 들어오지 않고 멋있다는 생각이 나를 더 지배하고 있었다. 인간의 이중성이라고나 할까 뭔가 복합적인 감정이 일어났던 것이다. 모든 기운을 다 뺀 연기가 슬프게 솟아오를 때즈음 야속한 잔재들을 뒤로하고 돌아오는 길이었다. 솔밭 나뭇가지들이 아스라한 달빛을 무대로 슬픈 몸짓을 주고받는 것같이 느껴졌다. 그제서야 집주인이 불쌍하고 안타깝다는 생각이 스며들었다. 자연은 그렇게 인간의 이기적인 성품에 대해서도 말을 해주고 있었다.

박월동을 떠나 임당동과 교동에서도 살았고, 대학부터는 서울에서 생활하고 외국에서도 살 기회를 가졌다. 해외 여행과 출장 기회에 이탈리아, 불가리아, 프랑스, 스위스, 독일, 케냐, 미국, 캐나다, 노르웨이 등등 외국의 대자연을 맛볼 수도 있었다. 그러나 나의 마음엔 박월동이 나의 심상을 지켜주는 든든한 반석으로 자리잡고 있고 언제나 나를 위로하는 죽마고우가 되었다. 앞으로도 박월동은 늘 나의 마음을 떠나지 않고 나를 보듬어 줄 것으로 믿는다.

김동기(金東起)_ 박월동에서 태어나 강릉 시내에서 초중고를 줄곧 다닌 덕택에 서울과 해외를 넘나들며 살았는데도 불구하고 토종 강릉 사투리를 그대로 구사하는 영원한 감자바우. 외교부 문화외교심의관으로서 우리나라 문화의 우수성을 널리 알리고 이미지를 높이는 데 힘쓰고 있다.

강일여고 운동장

내 생애 최고의 전성기, 땀으로 물들다!

나는 학창시절 노르딕 스키선수(크로스 컨트리)로, 최고를 꿈꾸며 보냈다. 하지만 끝내 그 꿈은 이룰 수 없었다. 태극마크를 가슴에 달고 싶었던 간절한 소망을 이루지 못한 채 무심한 세월만 보냈으니 말이다.

중학교 1학년부터 꽤 이름 난 스키 선수였다. 열심히 훈련을 한 만큼 출전했던 각종 대회마다 우승컵을 쓸어 모았다. '김정옥' 이란 이름은 언론매체에 주목을 받으면서 스타선수로서 각광을 받았다. 선후배 선수들 중에 경쟁자가 없을 정도로 최고의 선수의 반열에 올랐다.

당시 선수 생활을 하기에는 환경이나 장비가 매우 열악한 상황이었다. 하지만 난 다른 선수들에 비해 장비만큼은 개인적으로 구입해 기량을 맘껏 발휘할 수 있었다. 내 뒤에는 그렇게 할 수 있도록 버팀목이자 후원자인 어머니가 있었으니까.

어머니는 시합 때마다 경기장에 나와 지켜보았다. 그럴 때마다 부담이 몰려왔지만 곧 눈 녹듯 사라졌다. 어머니가 자랑스러워하고 행복하도록 우승 세레모니를 보여줄 수 있었기 때문이다.

지금 내 곁을 떠나 저 세상에 있는 어머니! 지금 생각해 보면 딸의 성공을 위해 희생을 마다한 대단한 열의를 지닌 분이다. 그런 보살핌 덕에 고등학교에 진학해서는 최고의 전성기를 맞아 승승장구할 수 있었다. 여러 고등학교의 스카웃 제안을 물리치고 선택한 강일여고(예전 영동여고)에서 최고의 지도자를 만났기 때문이다.

감독 선생님은 힘든 훈련 속에서 최선을 다해 뛸 수 있도록 칭찬과 격려를 아끼지 않았다. 물론 혹된 채질질도 있었다. 또 선수의 기량을 빨리 파악했다. 수없이 반복된 온도 차이로 왁스를 믹스해 얼마만큼 기록을 낼 수 있는지를 경험 속에서 찾아냈다. 그래서 경기에 나갈 때는 내 컨디션을 정확하게 읽어내고 최적의 몸 상태를 유지하게 했다.

정신적 지주인 감독 선생님처럼 훌륭한 지도자를 만날 수 있었기에 지난 선수시절이 가장 큰 자랑이며 아름다운 추억으로 남아 있다.

당시 받은 강한 훈련은 아직도 생생하다. 4교시를 마치고 교실을

힘들었던 선수시절, 그 힘든 걸 이겨내면 늘 영광이 기다리고 있었다.
각종 언론매체의 스포츠란 헤드라인에는 '김정옥'이란 이름 또한 빠지지 않았다.

나와서 핫 팬츠차림으로 뙤약볕 내리쬐는 운동장에서 30바퀴 달리기로 기본 몸 풀기를 했다. 그리고 교문 밖을 벗어나 모산저수지, 경포대 호수를 돌아서 학교로 돌아왔다. 그렇게 목에 피비린내를 맛보는 강한 트레이닝을 했다. 하계훈련을 제대로 해야 겨울철 경기 시즌에 꽃을 피울 수 있기 때문이었다. 5km 10km를 젖 먹던 힘까지 내어 달리고 또 달렸다. 인내의 한계를 넘나드는 고통을 극복하고 골인점에 도착하면 긴장이 풀려 쓰러지기 일쑤였다. 설원에 누운 나를 누군가가 달려와 스키를 벗기고 등을 토닥여 주었다. 격려 속에 눈물을 흘리며 잠시 정신을 차리면 얼굴에 하얀 소금과 콧물로 범벅이 된 내 모습이 드러났다.

그 느낌을 누가 알까. 지옥코스를 넘나들었던 훈련 일정, 어떤 날은 그 자리에 큰대자로 누워버리고 싶은 심정도 굴뚝처럼 솟았다.

어느 누구도 감히 흉내 낼 수 없었던 힘들었던 선수시절, 힘든 걸 이겨내면 늘 영광이 기다리고 있었다. 각종 언론매체의 스포츠란 헤드라인에는 "강일여고 노르딕 스키, 전국을 휩쓸다" 라는 기사로 장식됐다. '김정옥' 이란 이름 또한 빠지지 않았다.

화려했던 영광은 3학년 졸업을 앞두고 그늘이 드리우기 시작했다. 우승 경력과 주장이란 타이틀 때문에 진학 문제를 쉽게 결정할 수 없었다. 학교 측에서도 심각하게 고심했다. 하지만 어머니는 그 부담을 한방에 덜어 주었다. 서울 대신 집하고 가까운 곳에 위치한 대학으로 진학을 원했기 때문이다. 6남매의 막내로 태어난 나를, 품에서 더 품고 싶어서 대관령 너머 저 멀리 떠나는 걸 원치 않았다.

원하던 대학으로 진학이 이뤄지지 않았기에 그토록 갈망했던 태극마크도 멀어지기 시작했다. 지방대학이란 이유로 대표 팀에서 탈락하면서 그 화려했던 선수 시절이 슬럼프에 빠지고 말았다. 결국 선수를 포기하고 체육학과를 선택하여 대학에 입학했다. 그곳에서 체육학을 전공한 남편을 만났고, 행복하게 살고 있다. 뒤늦게 유아교육학을 다시 전공해 보육교사가 되었다.

주변 사람들은 의아한 눈빛으로 말한다. 유명하던 스키선수 정옥이가, 보육교사를 한다고 말이다. 하지만 내 꿈은 끝난 게 아니다. 나의 전성기 선수시절, 격려와 칭찬을 아끼지 않고 꿈을 키울 수 있게 했던 최문규 감독 선생님의 은혜를 잊지 않고 있으니 말이다. 천사 같은 어린 아이들을 지도하면서 나 또한 칭찬과 격려가 최고의 힘이란 걸 깨닫게 되었다. 스승으로부터 물려받은 사랑의 정신을 내가 가르치는 어린 아이들에게 아끼지 않고 쏟아 부으려고 노력한다.

땀으로 물든 만큼 최고의 전성기를 누리게 했던 강일여고 운동장! 그곳을 향해 힘껏 '파이팅' 을 외치고 싶다.

김정옥(金貞玉)_ 하늘 아래 첫 동네에서 태어나 산천초목을 벗하며 자랐다. 청소년시절 스키선수로서 명성을 얻었으며, 결혼 이후 평범한 주부로 지내다가 뒤늦게 유아교육학을 전공하고 현재는 강릉에서 보육교사로 일하고 있다. 강릉시 유도회 회장을 맡고 있는 남편과의 사이에 2녀를 두고 있다.

운명의 바다, 그 속살을 보라!

철부지 시절, 멀쩡하던 배가 아플 때가 있었다. 그런 증상은 유독 산간벽지 아이들이 자선 단체의 초청으로 서울 견학을 했다는 뉴스가 들릴 때 더욱 그러했다. 서울 구경을 꿈꾸던 나는, 내가 살던 마을도 당연히 서울 구경 초대장을 받을 걸로 생각했는데, 그런 기회가 전혀 없었으니….

동서남북 꽉 막혀 빈틈이라곤 찾을 수 없는 산골, 초경량 자동차도 통행 불가능한 비탈길, 전기불 대신 등잔불 게다가 텔레비전, 전화 한 대도 없는 불통 마을….

40년 전 내가 살던 마을의 모습이다. 결국 나에게 자비로운 손길을 내미는 천사는 등장하지 않았다. 그런데 그 배 아픔을 사라지게 한 치유의 공간이 있었다. 고향 집에서 야트막한 고개만 넘으면 쪽빛 바다를 품고 있는 곳, 산골 마을 소년이 유일하게 바라볼 수 있는 확 트인 벌판. 바로 사천 진항이었다. 그곳은 공짜 서울 구경을 그리워하던 시골 소년의 답답함과 소외감을 해소해 주는 청량제였다.

조무래기에 불과하던 어린 시절, 바다를 보고 낭만파 예술가나 고상한 철학자는 될 수 없는 법. 그저 바라만 보는 것만으로 기분이 좋았다. 오직 멋있다는 생각뿐이었다. 뒷동산에서 바라본 바다는 호수 같은 바다, 순정한 푸른 빛깔, 그리고 아름다움으로 다가왔다. 소나무 향기 그득하고 진달래가 활짝 핀 봄날, 바다는 파스텔 톤의 물감들로 그려진 풍경화였다. 망망대해, 저 멀리 수평선 위로 배가 떠 있는 광경은 인상파 화가들의 명화 속 풍경과 흡사했다. 바다를 향해 소원을 빌면 모든 게 만사형통하리라는 생각도 했다. 특히 정월 대보름날에 짐짓 엄숙한 자세로 신년 소원들을 패키지로 하여 장황하게 되뇌었던 추억이 새롭다.

하지만 진항은 결코 쉽게 다가갈 수 없었다. 물리적 장벽은 없었지만 심리적 장벽은 에베레스트만큼 높았다. '農者之天下大本' 유교적 사고가 대세였기 때문이다. 예의 어른들은 외쳤다.

"나릿가 사람들은 사나우니까 무조건 조심하라"

요즘엔 그런 편견이 없지만 옛날에는 어촌 사람들을 경시하는 풍조가 강했던 것 같다. 그곳은 고상한 농촌과는 달리 거친 바다 일을 하는 '나릿가' 로 평가 절하되었다. 그쪽 사람들을 부를 때도 힘껏 악

센트가 추가됐다. 동네 이름 진리(津里)는 "질리" 또한 "나릿까" 라고 최대한 억세게 불렀다. 그 어감은 진짜로 '질리는 사람들 사는 동네' 이라는 경멸조로 들릴 정도였다. 농촌과 어촌의 단절 현상은 상당히 심했다. 나에게 바다는, 여름 해수욕 철을 제외하고는 갈 기회도 거의 없었다. 초등학교도 어촌 아이들과 다른 학교를 다녀야 했기에 그들의 정서를 이해할 수도 없었다. 바다 사람들은 어른이나 아이들 모두 상당히 거칠고 가까이하기엔 너무 먼 사람들일 따름이었다.

어린 시절 유일하게 접한 진항 사람은 생선 파는 아주머니들. 해질 무렵이면 바다 짠물과 땀으로 범벅이 되어 지친 몸을 이끌고 마을로 들어왔다. 미역, 꽁치, 양미리, 명태, 오징어, 이면수어, 쉰텡이, 도루묵 등 갓 잡아 올린 생선들을 큼직한 대야에다 담아서 머리에다 이고 왔다. 생선 값은 돈 대신 쌀, 감자 등 농작물과 물물교환 방식으로 거래했다. 생선 아주머니들이 오면 무조건 기분이 좋았다. 그날 저녁은 초식 대신 육식, 생선을 먹을 수 있기 때문이다. 그리고 그 아주머니들이 오기를 기다리면서 자랐다.

진항 아이들과 가까워진 것은 중학교에 입학하면서부터다. 그들과 한 교실에서 수업을 받았다. 1977년 중학교에 입학하고 2달여 지난 시점. 폭풍우가 내린 뒤 교실에는 빈자리가 많았다. 거센 비바람이 몰아치는 바다에서 조업에 나갔던 어선이 침몰하여 수십 명의 어부들이 목숨을 잃었기 때문이었다.

학교가 발칵 뒤집혔다. 조난 사고를 당한 진항 친구들의 눈물을 보았다. 그때부터 편견이 풀리기 시작했다. 그들은 나와 같은 평범한 학생이고 청소년이었다는 사실이다. 그때까지 난 그야말로 우물 안 개구리였다. 내가 자란 시골 마을의 눈으로 바다를 바라보면서 어촌 사람들에 대한 편견의 성을 높게 쌓았다. 그들은 인정도 없고 매우 억센 아이답지 않은 아이로만 알았으니까. 그들은 늘 생선구이를 끼니마다 실컷 먹어서 몸이 건장한 줄 착각하고 있었다. 단지 그들은 농촌 학생들보다 나이가 더 많아서 덩치가 조금 더 자란 것 뿐이었다. 대부분 아이들은 어려운 가정 형편상 초등학교를 마치고 어촌 일을 돕다가 한두 해 쯤 뒤늦게 중학교에 들어온 것이었다.

사천 진항은 주문진과 경포 바닷가 사이에 조용히 위치한 작은 포구에 불과하다. 주변 경포대나 주문진에 비하여 명성을 듣고 무작정 찾는 사람도 드물다. 나는 고향에 내려갈 때마다 모천회귀 본능처럼 그곳으로 발길을 돌린다.

어부들의 생존을 보호해 주는 방파제가 반갑게 맞는다. 진항의 얼굴이다. 자그마한 어촌의 성격을 대변한다고 할까. 길지도 높지도 않게 아담한 길이로 늘어서 있다. 항구에 정박한 어선들도 시골 앞마당에 편안하게 되새김질 하는 황소처럼 한가롭게 느껴진다. 해안선을 따라 횟집과 카페들이 오순도순 줄지어 있다. 진항이 널리 알려지게 된 계기는 물회가 식도락가들의 입소문을 타면서부터였다. 물회는 가난하고 배고픈 시절 어부들의 식사. 땀과 눈물이 섞인 일용할 양식이었다. 이들 식당들은 줄을 서서 기다려야 음식을 먹을 수 있을

폭풍우에도 몸을 움츠리지 않는 진항 어부들의 삶은

화가 카스퍼 프리드리히의 <안개바다 위의 방랑자>와 오버랩된다.

카스퍼 프리드리히 〈안개바다 위의 방랑자〉

만큼 문전성시를 이룬다.

사실 진항은 겉으로 드러나는 외형보다는 드러나지 않는 배경이 더 아름답다. 항구의 광경은 여유롭고 한적해 보일 수 있지만 가까이에서 관찰하면 역동하는 삶의 현장을 발견할 수 있으니 말이다. 누구든지 묵묵히 본분을 다하면서 땀 흘리는 어부들의 삶을 볼 수 있을 듯싶다.

진항에 가면 늘 방파제에 오른다. 30여 년 전 폭풍우가 몰아치던 날, 그 때 아버지를 잃고 통곡하던 친구 얼굴이 떠오른다. 수산 고등학교를 졸업한 그는 자연스럽게 어부가 되었다. 그는 성난 파도에도 물러서지 않는 강인한 아버지의 유전자를 품고 있었다. 몇 해 전 그 역시도 아버지의 슬픈 운명을 대물림 받았다.

독일의 낭만주의 화가 카스퍼 프리드리히의 〈안개바다 위의 방랑자〉가 오버랩 된다. 산더미 같은 파도가 몰아치는 바닷가, 파도를 물리칠 기세로 한 사나이가 당당히 서 있는 그림이다. 폭풍우에도 몸을 움츠리지 않는 진항 어부들의 삶이 그렇다. 뒤집힌 어선의 맨 밑바닥에서도 그들은 희망의 불꽃을 피웠다. 바다의 삶을 이어받은 진항 사람들은 극대화된 고난을 경험함으로써 비로소 고난이라는 상황을 극복할 수 있었던 것이리라.

가득히 물결치는 깊고 넓은 바다가 요란하게 춤을 춘다. 사천 진항은 이미 내 마음을 꿰뚫고 있듯이 말을 건넨다.

바다의 겉모습에 취하지 말고, 진짜 속살을 들여다보라고 말이다.

최몽순(崔蒙洵)_ 조상대대로 살던 사천면 방동리에서 태어나 1983년 고교 졸업 때까지 서울 구경도 못할 만큼 세상 물정에 어두웠던 순진한 시골 소년. 고향 집에 배달되던 유일한 활자 매체인 '농민신문' 과 '강원일보' 를 열독한 덕분에 신문방송학을 전공하게 되었고, 현재는 서울 효자동에서 출판사를 운영하고 있다.

벌 받았던 그 시절이 그리운 이유

사람들은 강릉을 말할 때 주로 동해바다와 경포대를 이야기하고 오죽헌을 이야기한다. 그러나 나에게는 강릉 이명고개가 먼저 떠오른다. 대개 그렇듯이 자신이 살았기 때문에 마을의 작은 언덕이나 실개천까지도 평생 마음의 안식처로 남아 있는 게 아닌가 싶다. 삶의 버팀목이 되어주는 곳! 강릉의 이명고개는 내게 그런 존재이다.

초등학교를 졸업할 즈음 중학교 배정을 받았다. 초등학교 때 같이 어울리고 놀았던 친했던 친구들은 거의 다 강릉여중으로 배정되었고 나와 몇몇 아이들은 영동여자중학교*로 배정되었다. 영동여중

* 지금은 중학교는 없어지고 고등학교만 강일여고로 교명이 바뀌었다.

은 우리 집이 있는 옥천동에서 가기에는 꽤 먼 거리인 교동에 위치하고 있었다. 그 시절엔 교통편이 별로 없어서 대부분 걸어 다녀야 했다. 나는 친구들 세 명과 함께 학교까지 걸어 다녔다. 집을 출발해서 옥천동 은행나무와 동광교회를 지나면 모루 도서관이 있는 이명고개가 나온다. 이명고개를 넘어가면 비로소 우리 학교인 영동여자중고등학교가 저 멀리 보이기 시작한다.

중학교를 갓 입학한 새내기 시절, 아직 초등학교 때의 개구쟁이 티가 그대로 남아 있던 우리 네 명은 이명고개를 넘어오는 하굣길에서 무료함을 달랠 겸 장난을 치며 다녔다.

이명고개는 강릉 오거리 쪽에서 경포 쪽으로 넘어가는 언덕이었다. 고개 길은 길가마다 아름드리 가로수들이 서 있었고, 길 양쪽으로 이층 양옥집들이 새로 지어져 있어서 고풍스런 멋과 분위기를 풍기고 있었다. 또한 그 시절 이명고개에는 우리에게 익숙하지 않았던 인터폰 초인종이 집집마다 달려 있었다. 집을 새로 지으면서 초인종도 이제껏 우리가 보지 못한 최신식으로 달았던 것이다.

우리는 그 낯선 초인종이 신기해서 학교가 끝나고 집으로 돌아갈 때마다 넷이서 가위, 바위, 보로 술래를 정해 '초인종 누르고 도망가기 게임' 을 했다. 그런 장난을 하다보면 오래 걸어야 하는 지루함과 피곤함도 잊어지고 집까지 오는 동안 내내 깔깔거리며 재미있게 올 수 있었다. 그러던 어느 날 꼬리가 길면 밟힌다는 말이 맞아 떨어질 때가 다가왔다. 우린 도망치며 노는 재미에 빠져 미처 그 진리를 깨닫지 못했다.

그날도 여느 때처럼 친구 중 하나가 초인종을 눌렀다. 그러나 잽싸게 도망치려던 우리는 얼마 못 가, 화가 나서 단단히 벼르고 있던 주인아저씨에게 그만 붙잡히고 말았다.

나와 친구들은 주인아저씨에게 잔뜩 훈계를 듣고는 교복 차림으로 그 운치 있는 이명고개 대로변에서 책가방을 들고 벌을 서야만 했다. 그때 하교하던 학생들이 낄낄거리고 수군대며 재미있다는 표정으로 우리를 보며 지나갔다. 무척 창피하고 무척 속상했지만 그 일로 이명고개는 잊지 못할 추억의 거리가 되었다.

그날 혼나면서 많이 긴장되었는지 나는 밤새 잠을 못 이루고 안절부절 하다가 다음날 늦게 일어났다. 그날따라 지각하면 어쩌나하는 두렵고 급한 마음에 타본 적도 없는 버스를, 버스 노선도 확인하지 않고 엉겁결에 타 버렸다. 그런데 버스는 시청을 지나더니 우리 학교가 있는 동네가 아닌 도립병원 쪽으로 가고 있었다. 아뿔싸! 나는 당황하고 깜짝 놀라 기사 아저씨에게 정류장도 아닌 곳에 무작정 내려달라고 애원했다. 그리고 기사 아저씨의 엄하고도 싸늘한 훈계를 받은 뒤에야 가까스로 버스에서 내릴 수 있었다.

나는 헐레벌떡 정신없이 학교로 달려갔다. 학교에 도착했을 때는 이미 1교시가 끝나는 종이 울리고 있었다.

이어서 상상하기도 싫은 선생님의 불호령이 떨어졌다. 그날은 엎친 데 덮친 격으로 선생님에게 혼나고 버스기사 아저씨에게 혼나고,

화가 나서 벼르고 있던 주인아저씨께 그만 붙잡히고 말았다.

수난의 연속이었다. 그때 같이 장난치고 벌을 섰던 내 친구들도 나와 같은 수난을 당했을까?

그때는 그렇게 당황스럽고 곤혹스러웠던 기억들이 지금 생각하면 무척 재미있게 느껴지는 것은 왜일까? 어쩌면 고향이 그곳에 있었고 그리운 친구들이 있었기 때문이 아닐까.

어릴 적 생전 처음 본 인터폰 초인종이 신기해서 개구쟁이처럼 장난친 대가로 버스 기사 아저씨에게 귀가 멍하도록 혼나고 선생님에게 혼나고 집주인 아저씨한테도 혼났지만 그때 그 이명고개가 내게 준 추억은 웃음이 번지는 흐뭇한 기억으로 남아 있다.

정진희(鄭眞姬)_강릉시내 옥거리 가운데 모퉁이 은행집 2남3녀 막내딸로 태어나 4대가 함께 사는 교동 최씨댁으로 시집와서 어른들과 남편, 그리고 2남1녀 자녀들을 섬기면서 현대판 '현모양처' 가 되고자 노력한다.

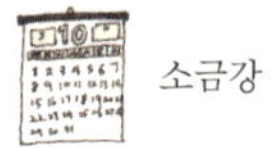

소금강

시월의 어느 멋진 날

여고시절의 어느 날이었다.

가을 하늘이 눈부시도록 파랗고 청명했다. 하늘을 보면서, 가을의 향기를 맡으면서 마음이 들떴는지도 모르겠다. 갑자기 어느 곳이든 무작정 달려가고 싶었다. 정해진 목적지도 없이 집을 나섰다. 경미를 불러냈다. 그리고 단짝 친구 경미와 함께 동부시장에서 안내판에 '소금강' 이라고 쓴 시내버스에 올랐다.

소금강으로 가는 길은 생각보다 험했다. 악어 등처럼 자갈들이 많은 비포장도로는 무척 거칠었고, 온통 급경사로 이뤄진 낭떠러지 같은 아찔한 도로 일색이었다. 창 밖으로 한 번씩 바라볼 때마다 현기증 같은 어지러움이 일렁거렸다. 그런 길을 버스는 아랑곳 하지 않고 먼지를 휘날리면서 신나게 달렸다. 버스는 마치 곡예하듯이 달리고 버스 안에 있던 사람들은 흔들리는 버스로 아수라장이 되어가고 있었다. 모르는 사람들과 엉키거나 안기기도 했다. 사람들은 무조건 아무나 붙잡고 서로 의지하기도 했다. 사람들이 가지고 있던 물건들은 버스 바닥 안, 이곳저곳을 요란스럽게 굴러다녔다. 어떤 사람들은 공포에 질려 우는가 하면 어떤 사람들은 그 상황이 재미있다는 듯 웃기도 했다. 그렇게 정신없이 오다보니 어느새 소금강 종점에 다다랐다.

나는 경미와 같이 걷기 시작했다. 소금강 계곡 옆으로는 기념품 가게들이 나란히 줄지어 서서 손님들을 기다리고 있었다. 아기자기하거나 아니면 소금강을 형상화한 작은 소품들이 기념품 가게에서 우리에게 마치 손짓하고 있는 것 같았다. 우리는 신기해서 잠시도 눈을 못 떼고 한참동안이나 구경했다. 가을 단풍철이라 그런지 소금강은 배낭을 둘러 맨 등산객들로 붐볐다. 우리는 소금강이 처음이어서 낯선 등산객들을 따라서 그들과 똑같이 발걸음을 옮겼다.

얼마쯤 걷다보니, '금강사' 라는 절이 보였다. 우리는 절이라는 곳을 처음 봤기 때문에 금강사를 보면서 무척 웅장해 보인다고 생각했다. 단청의 색깔이나 대웅전 등을 들여다보면서 몇 번이고 감탄했다. 아쉬운 마음으로 절을 나와서 경미와 나는 또 신나게 걷기 시작했다. 붉게 물들어 가는 단풍나무와 길가의 바람에 흔들리는 색 바랜 갈대들을 보면서 우리는 감탄사를 연발했다. 그 때는 아무것도 아닌 것에도 민감하게 반응하는 사춘기 여고생, 우리는 신나게 웃기도 하고 수다를 떨면서 시간 가는 줄 모르고 소금강을 걷고 또 걸었다.

가을에 물들어가는 나무들도 멋있었지만, 계곡물에 비치는 알록달록한 단풍색도 너무 예뻤다. 경미와 나는 사진 찍기에 몰입했다.

"경미야, 여기 좀 봐!"

"명순아, 김치이. 자, 찍는다!"

소금강을 배경으로 우리는 서로 사진을 찍어 주었다. 더 멋있고 예쁘게 보이기 위해서 포즈를 잡으면서 배꼽을 잡고 웃기도 했고, 심각한 표정으로 서로를 놀리기도 했다. 또한 둘이 같이 찍고 싶을 때는 지나가는 등산객들한테 부탁하기도 했다. 그럴 때마다 사람들은 싫은 기색 없이 즐거운 표정으로 사진을 찍어 주었다. 그때만큼은 등산보다는 같이 놀면서 사진을 찍는 즐거움에 도취되어 있었던 것 같다.

경미와 나는 한참을 놀다가 다시 또 걷기 시작했다. 그러나 천천히 그리고 가끔씩 쉬기도 하면서 걸었다. 그렇게 걷다보니 우리 집 안방처럼 널따란 큼지막한 바위가 나타났다. 우리는 그 바위에 나란히 누워서 가을 하늘을 쳐다보기도 하고, 나란히 앉아서 단풍나무들을 바라보았다. 때로는 노래도 부르고, 바위 밑 계곡물에서 빛나고 있는 단풍에 넋을 잃기도 했다. 그 바위는 그 때 꽤 유명한 바위였음에도 주변에 아무런 안내 표지판이 없어서 우리는 그 바위의 정체를 알 수 없었다. 그리고 나중에야 비로소 그 바위가 '식당암' 이라는 걸

'식당암' 은 마의태자 군사들이 훈련을 받다가 이곳에서 밥을 먹었다하여 생긴 이름이다.

알았다.

그렇게 정신없이 놀다보니 어느새 가을 햇살이 사라지면서 서쪽으로 넘어가고 있었다. 우리는 소금강의 절경이라는 구룡폭포 근처에도 못 가보고 발길을 돌려야 했다. 해는 지기 시작하고 시내로 가는 버스의 막차 시간이 임박했기 때문이었다. 버스를 타기 위해서 소금강을 내려올 때에는 주변 풍경을 구경할 마음의 여유도 없이 무조건 뛰면서 내려와야 했다.

여고시절, 그 때 이후 30여년 만에 처음으로 여름휴가 때 가족들과 소금강에 다녀왔다. 소금강을 걸으면서 옛 추억을 되새기기도 하고 주변 경치도 즐겼다. 그리고 그 때는 어쩔 수 없이 발길을 돌려야 했던 구룡폭포도 맘껏 구경했다.

그 당시 그렇게 웅장하게 보였던 사찰은 어디로 갔는지 보이지 않고, 지금은 작은 절만 남아 있었다.

나는 친구 경미랑 걸었던 그 길을 쉬엄쉬엄 걸었다. 식당암에도 앉아 보았다, 그 때의 소중한 추억을 기억 하면서 걷다보니 내 얼굴에 미소가 살며시 내려앉았다.

그 시절 소금강에서 느꼈던 가을의 아름다움과 향기가 지금도 생생하게 남아있다. 잊지 못할 소중한 기억들이 그 날 소금강에서 보았던 단풍나무처럼 내 가슴 속에서 서서히 그리움으로 물들어가고 있다.

내 친구 경미와 함께, 더 나이 들기 전에 한 번 더 소금강으로 떠나고 싶다.

박명순(朴明順)_정선아리랑의 고향에서 병원을 운영하던 아버지의 막내딸로 태어나, 급작스런 아버지의 사업 실패로 강릉으로 터전을 옮겨 꿈 많은 학창시절을 보냈다. 등산과 뜨개질이 취미이며, 작은 것에도 큰 만족을 얻으며 살고 있다.

어단리 법왕사 제대하고 싶다!__함영연 / **강릉여고 교문** 어머니의 도시락__ 이명선 / **어단리 · 언별리** 유년의 퍼즐__이형대 / **홍제동 발락고개** 걷어들리면 대뜨번에 쎄싸리가 빠져요__박상균 / **성산면 위촌리** 우추리는 힐링의 어머니__ 권오광 / **선자령** 그곳에 서면 내가 보인다__김소영 / **소돌 해수욕장** 그해 여름은 특별했다__김혜경 / **구정면 여찬리** 엄마의 감나무__전경애 / **1983년 서울** 마지막 블루스__최영순

제4부

일구지난설(一口之難說)

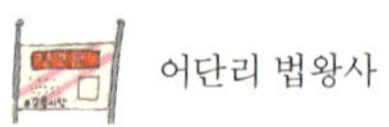

제대하고 싶다!

강릉시 구정면 어단리!

그곳을 떠올리면 고등학교 2학년 오월의 어느 날이 저수지 물결처럼 일렁인다.

우리 마을에는 법왕사라는 큰 절이 있다. 주위 풍경이 자연과 어우러져 아늑함과 웅장함을 자아내고 있는 절이다. 그 절에 딸린 선방에는 고시생들이 기거하며 풍운의 꿈을 키우고 있다고 했다. 몇 명은 사법고시에 붙어서 금의환향했다는 소식도 들렸다.

미래가 안개 같았던 고등학생 시절, 오로지 목표를 향해 매진하는 그들이 부러웠다. 그래서 막연히 남산 목멱골에서 글만 읽는 선비를 떠올려보곤 했는데, 꽃이 흐드러지게 핀 오월 어느 날, 그들을 직접

만나는 일이 생겼다.

동네 친구들이 우리 집 앞을 지나가면서 법왕사 놀러 가는데 같이 가자고 했다. 다른 날 같으면 적당한 이유를 들어 나서지 않았을 것이다. 그런데 그날은 담을 타고 피어나는 장미 넝쿨 너머로 앞산을 보니 아카시아 꽃이 지천으로 피어 나를 부르는 것 같았다. 그래서 홀리듯 따라나섰다.

친구들은 한 시간 정도 걸리는 길을 잠시도 쉬지 않고 재잘재잘거렸고, 까르르 웃음을 터뜨렸다. 하긴 굴러가는 말똥구리를 보고도 웃어대는 때이니……. 그렇지만 난 엄마가 병원 신세를 자주 지고 있어서 대학 진학의 꿈을 접을지도 모른다는 불안감에 마음껏 웃을 수 없었다.

절에 도착해서 둘러보니 단청의 화려함과 정교함은 여전했다. 그때 마주 오는 몇 명의 아저씨와 맞닥뜨렸는데, 그들 중 한 명이 대학생이냐고 물으며 관심을 보였다.

"어떻게 아셨어요?"

말이 없고 우수가 깃들어 있는 모습의 아저씨

친구가 대뜸 대답했고, 몇 초의 침묵이 흐른 뒤 우리는 대학생이 되어 있었다.

"우린 선방에서 공부하는 고시생인데, 미팅하는 거 어때요?"

그들이 제안을 했다. 헉! 글만 읽는 선비의 분위기가 아니었다. 그날 나는 친구들의 호기심에 덤으로 어울리게 되었다.

우리는 절 계곡으로 가서 파트너를 정했다. 당시 남자 손만 잡아도 큰일 나는 줄 알던 때라 어색하고 멋쩍고 수줍고 아주 복합적인 감정이 소용돌이쳤다. 그러면서도 한 아저씨한테 시선이 갔다. 말이 없고 우수가 깃들어 있는 모습! 공부를 너무 해서 힘들어 그런가, 짐작하고 있는 동안 파트너가 정해졌다. 나는 그 아저씨와 남게 되어 자연스레 파트너가 되었다.

다른 팀은 무슨 할 말이 그리 많은지 이야기가 끊이지 않았다. 호칭도 아저씨에서 오빠로 바뀌어 있었다. 그렇지만 우린 입에 풀칠한 냥 묵묵히 걷기만 했다. 저수지까지 왔을 때 아저씨는 다리 아프지 않느냐며 잠시 쉬자고 했다. 우리는 저수지 둑에 나란히 앉았다. 물결을 따라 침묵이 흘렀다.

"제대하고 싶다."

적막함을 깨고 아저씨가 입을 열었다. 무슨 말인가 싶어 슬그머니 쳐다보니 얼굴에 우수가 가득했다.

"난 제대가 필요해."

또 그 말이었다.

"군인도 아닌데요."

아저씨의 대답이 기다려졌다.

"난 여기보다 더 시골이 고향이야. 그곳에서 주목을 받으며 지냈고 내로라하는 대학의 법학과를 졸업했어. 이제 부모님은 개천에서 용 나기를 고대하고 있지. 그런데……."

아저씨는 잠시 저수지를 바라보더니 말을 이었다.

"난 언제나 주위 사람들의 기대에 부응하기 위해 애쓰며 살았어. 그래서 온전한 나로 살아본 적이 없어. 부모님은 뼈 빠지게 대학 뒷바라지를 하고 지금은 또 사시 준비하는 아들을 위해 고생고생하고 있지. 그 생각하면 얼른 사시 패스해서 부모님 고생을 덜어드려야 하는데, 이 길이 쉬운 길도 아니고……. 아, 제대하고 싶다!"

아저씨의 말이 허공으로 흩어졌다. 나도 미래에 대해 불안했던 터라, 아저씨의 푸념이 남의 일 같지 않았다. 그래서 무슨 말이라도 해주고 싶었다.

"제대할 때는 하더라도, 먼저 아저씨가 가고자 하는 길이 무엇인지 뜻을 세우는 게 좋겠어요. 나중에 후회할 수도 있잖아요."

아저씨는 희미하게 웃으며 손에 잡히는 들풀을 천천히 뜯었다. 그리고 헤어져 집에 왔다.

세월이 흘러, 나는 영문학과에 합격하고도 집안 사정이 여의치 않아 등록을 못하고 대기업에 입사하게 되었다. 서울로 유학 온 친구들이 대학 캠퍼스의 낭만을 얘기할 때 난 그들의 커피 값을 내주곤 했다.

그런데 이 생활은 내가 원하는 게 아니다! 이 유니폼은 내가 입고 있을 옷이 아니다! 는 생각이 몰려와 행복하지 않았다. 그 무렵 고등학교 시절 오월의 어느 날, 그 아저씨가 말하던 '제대' 라는 말이 생각났다.

'제대하고 싶다! 제대하고 싶다!'

그 말을 중얼거려 보았다. 그런데 마법이라도 걸린 듯 의욕이 솟구쳤다. 그래서 배부른 돼지는 되지 않겠다, 배고픈 문학도가 되겠다! 는 결심으로 제대를 선언했다.

그리고 문예창작학과에 지원해서 대학생이 되었다. 그 후로 좌절도 많이 하며 문청시절을 보냈고 마침내 문학상을 받고 작가가 되었다. 그때 과감히 제대를 하지 않았다면 난 지금도 열등감을 안고 살았을 것이다.

작가가 되어 책이 출간되고, 도서관에 '작가와의 만남' 초대를 받아 가게 되었다. 도서관 담당자가 내 약력을 보더니 강릉 출생이면 혹시 강릉여고를 졸업했냐고 물었다. 그렇다고 하니 무척 반가워했다. 친구 중에 변호사가 있는데, 그 친구에게 이야기를 들어서 강릉여고하면 친근하다는 것이다.

"무슨 얘기를 하셨는데요?"

"그 자식, 법대를 나와서 강릉에 있는 절에 들어가 사시 준비를 했거든요. 집이 찢어지게 가난한데 사시를 세 번이나 떨어지니 절망스러워 당장 접고 싶었대요. 그때 만난 강릉여고 학생이 저수지 둑에서 해 준 말에 정신이 번쩍 들어 다시 입지(立志)를 했다는 거예요."

어렴풋이 떠오르는 모습이 있었다. 아, 세상이 이리도 좁다니! 그런데 강릉여고 학생이란 걸 어떻게 알았지?

"버스 타고 가다가 강릉여고 교복 입은 그 학생을 봤는데, 대학생이 아니란 게 탄로 나서 무안해 할까 봐 아는 척 못한 것이 아쉽다고 하더군요."

도서관 담당자는 내 궁금증도 해소해주었다. 나는 그 아저씨가 제대로 제대를 한 것에 박수를 보냈다. 그 뒤로 나는 몇 번의 제대를 더 해야 했다. 불안, 원망, 게으름……. 그 중에서 직장을 그만두고 문예창작학과에 진학해서 열등감으로부터 제대한 것이 가장 탁월한 선택이었다.

강릉시 구정면 어단리에 있는 법왕사와 저수지 둑은 제대라는 말과 함께 여고시절 한 장의 수채화로 남아 있다.

함영연(咸泳蓮)_ 산과 들, 바다를 품으며 자란 고향 강릉이 참으로 보배롭다. 그래서 강릉에 보은하는 마음으로 글을 쓰고 있다. 영상 시나리오와 소설 전공임에도 운명처럼 다가온 동화! 1998년 계몽아동문학상을 받은 뒤, 소명의식을 갖고 호흡하듯이 창작하고 있다. 그동안 『회장이면 다야?』『돌아온 독도대왕』『꿈을 향해 스타오디션』『명심보감 따라가기』『할머니 요강』 등 다수를 출간했다. 현재 대학에 출강하고 있다.

강릉여고 교문

어머니의 도시락

현미밥, 낙지감자수제비국, 삼색나물, 땅콩무침, 치킨커틀렛, 도토리묵 김치무침, 배추김치.

"오늘 급식 메뉴야!"

"아! 치킨밖에 먹을 게 없당."

"아! 어쨌든 빨리 뛰사."

12시 20분, 4교시 끝을 알리는 종소리가 무섭게 한바탕 왁자지껄한 소란이 벌어진다. 4시간 후면 또 다시 이어질 이 급식 엑츄얼리!

나를 밀치고 뛰어가는 키 큰 녀석의 뒤통수를 바라보며 문득 떠오르는 추억 한 자락. 나에게도 고등학교 시절이 있었지. 추억하면 떠오르는 건 많은 부분 먹는 것과 연관되어 있는 것 같다.

초봄 같던 그 시절, 우리는 학교 급식 대신 도시락을 싸 가지고 다녔고, 점심시간 친구들과 삼삼오오 모여앉아 먹었다. 반찬 품평회를 하듯이 반찬을 쭉 늘어놓고, 자신 없는 반찬은 자기 앞쪽으로, 자랑스러운 반찬은 친구들 보란 듯이 앞쪽으로 쭉 빼놓고…….

그땐 무엇이 그리 즐거운지 연신 깔깔거리며 수다방아를 찧어댔다. 지난 밤 MBC라디오 방송에 나왔던 '오렌지 향기는 바람에 날리고' 와 같은 사랑드라마를 흉내 내며, 우리도 그런 아름다운 사랑을 꼭 해보고야 말겠다고, 아니 그런 사랑이 우리를 기다리고 있을 거라고 확신하며 즐거워했다. 그런 시간은 왜 그리 짧던지.

낙(樂)은 끝나고 5교시와 더불어 하염없이 비몽사몽을 헤매다 7교시가 끝나면 청소 시간, 그때 제정신이 돌아온 우리는 하루를 덧없이 보냈음에 갑자기 후회가 밀물처럼 밀려와 자신에게 마구마구 화가 치밀어 아무나하고도 시비가 붙을 만큼 까칠해져 있었다.

그때가 바로 저녁 시간! 강릉 시내에 살고 있던 나를 포함한 우리의 어머니들은 고3이 되자, 저녁 도시락을 학교까지 챙겨다 주셨다. 점심도 도시락을 먹는데 저녁까지 차가워진 도시락을 먹으면 우리들이 너무 힘들 거라는 나름의 어머니들 사랑이었다.

청소 시간 말미가 되면 어머니들이 시간에 맞추어 도시락, 법랑냄비, 그 외의 그릇 등을 들고 학교 앞 교문에 하나둘 씩 모이기 시작했다. 집에서 입던 옷에서 가디건 정도 하나를 걸친 모습으로.

각각의 청소구역을 청소하던 우리들은 그 시간쯤이면 어머니들이 보이는 복도 창문으로 나와 헛걸레질을 하고 있었다.

나도 재빨리 복도로 나와 멀리서 군중 속의 나의 어머니를 눈으로 대강 스캔하고, 계단을 내려와 교문 앞으로 간다. 저녁을 받으러.

"아유, 힘들었제? 오늘 마이 더웠나? 밥 말고 오늘 니 좋아하는 냉면 좀 만들어왔으니 물마시고 먹어라."

'웬 냉면은?"

오만상을 찌푸리고 서있다.

"점심 먹은 것이 얹혔는지 속이 불편한데 뭘……."

잘 지내다가도 엄마만 보면 왜 그리 모든 게 화가 나던지, 세상에서 가장 화나고 짜증나는 표정을 종합 세트화 하여 엄마를 쳐다본다. 오늘 하루 목표만큼 공부 못한 것이 엄마 탓인 듯 쏘아붙인다.

"시간 없다. 얼른 가져가서 먹거라."

"아유 몰라! 얹혔는데 냉면은 무슨……."

냉면 그릇을 싸서 넓적해진 가방을 빼앗듯이 가지고는 뒤도 안 돌아보고 가버린다. 시간에 맞추어 오기 위해 종종걸음을 쳤을 어머니. 유난히 땀을 많이 흘렸던 내 어머니 콧잔등에 흐르는 땀을 분명히 보았으면서도 나는 그때 그딴 것들은 보고 싶지 않았다. 교실로 돌아와서는 아무 일도 없었던 것처럼 친구들과 또 수다를 떨면서 저녁을 먹었다.

어머니는 그 시각 학교와 우리 집의 중간 지점쯤 있는 신영극장을 지나 강림약국에 들러 소화제를 사서 다시 학교로 오고 있었다.

저녁 시간이 끝나갈 무렵에 어머니는 교실 뒷문을 열고 빼꼼이 나를 찾는다.

"명선아, 너네 엄마 오신 것 같은데."

어떤 친구가 나의 어머니를 발견하고 알려준다.

"왜 또?"

나는 복도로 어머니를 끌고나와 또 얼굴 짜증을 낸다.

"얹혔다며? 이 소화제 먹어라. 강림약방 아줌마가 공부하느라 힘들어서 그렇다더라."

슬며시 소화제를 손에 쥐어 준다. 못 이기는 척 소화제를 받아들고 또 뒤도 돌아보지 않고 교실로 들어와 버린다.

어머니는 나의 저녁을 위해서 도대체 몇 걸음을 한 건가? 그때 강릉 시내는 버스타고 다니던 시절이 아니어서 우리 집에서 강릉여고까지 20분 이상은 걸어야 했고, 다시 강림약국까지 한 10여분, 학교까지 10여분, 그리고 다시 집까지 20여분…….

생각하면 가슴이 먹먹해진다. 아무리 철없던 시절이었지만, 나는 왜 그리 독했을까? 새삼 성악설을 인정하게 되는 순간이다.

그리고 10시 야간자율학습을 하고 - 사실 몇 시간이나 제대로 공부했을까 - 집으로 가는 길에는 중간 길목인 신영극장 앞에 내 어머니가 기다리고 있었다. 낮에 아무 일도 없었던 것처럼……. 나는 그 시절에 이런 풍경은 영원할 것이라는 생각을 했던 것 같다.

그러나 내게도 큰 변화가 왔다.

명선아 너네 엄마 오신것 같은데……

강릉여고

저녁마다 학교에 가져가야 할 몇 가지 안 되는 메뉴로 고민했을 늙은 어머니 -사실 나는 우리 집 늦둥이다-는 그해 여름 끝 무렵에 악성종양으로 서울 병원에 입원했다.

고3인 나를 위해 집안에서는 모두 별 것 아니라고 축소 은폐했지만, 나는 알고 있었다. 저녁 도시락을 받으면서 온갖 신경질을 부려댈 대상이 사라졌다는 것을.

그 후 누군가 내게 저녁 도시락을 가져다주었고, 나는 그것을 역시 교문 앞에서 받아다 먹었지만, 그 기억은 지우개로 지운 듯이 하얗다. 기억은 의미로 채워지나 보다.

어머니는 그렇게 몇 개월을 서울 병원에 있었고, 손쓰기에는 이미 늦어버린 심각한 상태가 되어 어느 초 겨울날 집으로 돌아왔다. 그리고 다시는 강릉여고 교문 앞에 오지 못했다.

83포럼에서 '강릉' 하면 가장 먼저 떠오르는 것을 쓰라고 했을 때, 나는 기꺼이 강릉여고 교문이 생각났다.

평범한 까만 철제 대문, 늘 열려있고 너무나 평범해서 누구나에게 기억도 나지 않는 교문, 그러나 내게는 그 교문 앞에서 저녁 시간이면 나타났던 어머니들 …….

그 중에서도 내 어머니의 모습이 깊이 각인되어 있다. 내 어머니는 그때 어떤 생각을 했을까? 당신의 몸은 아파 오는데 그걸 견뎌내는 심경은 어땠을까? 그런 생각을 할 때마다 명치끝이 아파온다.

나도 나름의 인생을 살아내느라 가슴에만 묻어 두었던 어머니 이야기를 꺼내도록 기회를 준 83포럼 친구들에게 감사함을 전한다.

이명선(李明善)_공활한 가을 날 이불빨래를 줄에 널어 말리고, 굵은 소금 친 꽁치를 흙마당 한켠에서 구워먹고 싶은 꿈을 늘 꾸지만, 일상은 분당이라는 아스팔트 위에서 학생들을 가르치며, 몸과 마음은 좌충우돌 사막을 헤매듯 살고 있는 '강릉 83인' 이다.

유년의 퍼즐

친구야!

그 동안 잘 지냈는가?

소식이 없다가 난데없이 웬 편지냐고? 음……, 자네가 그리워졌다네.

요즘 이상한 꿈을 꾸곤 했네. 무척이나 낯익고 익숙한 장면들이 너무나 강렬해서 잠을 깨도 생생한 그런 꿈을. 무슨 시리즈 영화처럼 며칠마다 반복되는 꿈을. 언제부터인가 그 꿈들이 퍼즐 같다는 생각이 들었지. 그때부터 꿈을 꾼 다음 날에는 하루 종일 그 퍼즐을 완성하느라 골몰하곤 했네.

그런데 친구야, 드디어 깨달았네. 아직 다 완성되진 않았지만 퍼

칠성산에서 내려다 본 동막저수지

즐은 내 유년의 윤곽을 드러내고 있더군. 까맣게 잊고 살았던 유년의 파편들이 폭포를 뛰어오르는 숭어 떼 마냥 여기저기 펄떡이며 내 고단한 삶의 유일한 쉼터인 꿈속을 헤집어 놓고 있네.

더는 꿈에 시달리지 않으리라 작정하고 자네에게 편지를 쓰고 있다네. 왜냐고? 퍼즐 대부분의 끝단엔 자네가 버티고 있기 때문일세. 자네를 통해 미완의 퍼즐 한 줄기를 완성해 보려하네. 앞으로의 단잠을 위하여.

고향 어단리

고등학교 1학년 때를 거슬러 올라가 볼까?

화창한 토요일 하굣길에 자넨 내게 물었지. 내일 뭘 할 거냐고. 송이 따러 산에 가야 한다고 했을 때 자네의 화등잔 같은 눈이 기억나네. 그리고 뒤따라 온 말.

"중간고사 준비 안 해?"

나는 속으로 '중간고사는 무슨 얼어 죽을. 아직 교납금도 못 냈구만.' 하면서도 "수업시간에 열심히 들으면 돼. 따로 준비할 것까지야." 라고 큰소리 쳤지.

"다음 주 추석 연휴는?"

"그놈의 선생들은 왜 연휴를 끼워서 시험 기간을 잡는데? 연휴 내내 송이 따는 동네 형들을 따라 산에서 살 것 같은데. 송이가 돈이 되거든."

이후 집으로 가는 갈림길까지 말없이 걷다가 잘 가 한 마디로 헤어졌지.

그리고 집에 들어와 책가방을 던져놓고 밥도 먹지 않고 논둑으로 풀을 뜯으러 나갔지. 괜한 심술에 낫질만 요란하게 휘둘렀네.

다음날 새벽, 형들을 따라 칠성산에 올라 온 산을 뒤졌네. 그러나 송이는 아무데나 나지 않지. 형들은 자신들 만의 송이 밭에서 몰래몰래 잘만 따는데 나는 어쩌다 발에 채인 2등품 몇 개 겨우 건졌지. 공부도 송이도 모두 제대로 되는 게 없는 짜증으로 하산했네. 정말로 묻어버리고 싶은 기억이지. 그래서 잊고 살았는데.

그런데 친구야.

퍼즐을 짜깁고 있는 지금 그 기억이 갑자기 소중하다는 느낌이 들었다네. 마치 골동품처럼 세월의 때를 탄 허름하고 보잘것없던 나의 유년이 반백을 넘기는 지금 너무나 반짝거리는 보물로 다가드는 위력을 아는가? 내가 이 편지를 쓰는 가장 큰 이유일세.

자네는 고등학교를 졸업하면서 고향을 떠났지. 그리곤 이내 나머

나는 어쩌다 발에 채인
2등품 몇개 겨우 건졌다...

형들은 자신들 만의
송이 밭에서 몰래 몰래
잘만 따는데..

강동면 언별리에 위치한 송담서원

지 가족들도 이사를 하면서 고향 어단리는 무연고지가 되었지. 자네 기억 속의 어단리는 어떨까 생각해 보았네. 칠성산과 망덕봉, 소풍가던 단경골, 물놀이 하던 저수지, 개구리 잡던 계곡들, 삼덕사와 법왕사, 그 속을 누비던 친구들. 한번 눈감고 생각해 보게. 그 소중함을 깨닫는 순간 지금 당장이라도 달려오고플 걸세. 그 충동을 일으키기 위해 내 얘기 좀 더 들어보게나.

언별리(彦別里)의 새벽

추석 이틀 전. 아직 덜 차 이지러지긴 해도 제법 둥근 달이 서녘하늘 구름 사이로 들락거리는 새벽, 한 무리의 청년들이 어단리 앞 산고개를 넘고 있었네. 그 사이에 소년도 끼어있었지. 키는 멀대 같이 크지만 비실비실한 소년의 등짝엔 쌀 포대로 대충 만든 주루막이 축 늘어졌고, 헤지기 전의 까만 운동화는 자꾸 돌부리에 걸려 휘청거렸어. 간간히 구름을 벗어난 달빛이 사위를 퍼렇게 물들이면 길가의 수많은 무덤들이 불쑥불쑥 튀어나와 소년의 머리칼을 세웠지. 그럴 때면 청년들 사이로 끼어들어가 간신히 형들의 발자국만 따라 밟았다네.

어느덧 산길을 벗어나 다랑이 논길로 접어들자 간간히 장작 태우는 냄새가 지나가고 멀리서 들리던 개 짖는 소리도 가까워지더니 이내 언별리 마을에 들어섰어. 시커먼 그림자로 웅크린 흉흉한 몰골의 송담서원이 소년의 가슴을 사정없이 후려쳤지.

자네는 아는가, 언별리의 유래를? 선비 언(彦) 이별할 별(別).

자네와 나는 이곳에 여러 번 놀러왔지. 친구들도 너 댓 명 살았고. 송담서원의 율곡선생 영정도 보고. 기억하는가?

조선시대 율곡선생의 업적을 기려 건립한 서원으로, 묘우(廟宇) 6칸, 월랑(月廊) 7칸, 동재(東齋), 서재(西齋) 각 3칸, 강당 10칸, 광제루(光霽樓) 3칸, 서책고(書册庫) 3칸이었고, 왕으로부터 현판까지 하사 받은 사액서원(賜額書院)이었지. 하지만 흥선대원군의 서원 철폐령으로 서원은 철폐되고 글 읽던 선비들은 눈물로 마을을 떠나니 아름다운 선비들과 이별한다 하여 붙여진 지명이 언별리(彦別里)인 것을. 소년의 가슴은 먹먹해졌지. 중간고사 기간에 책가방 대신 주루막을 지고 책상 대신 산을 향하는 자신이 홍선군에게 쫓겨 가는 선비의 환생인 듯 그렇게…….

망덕봉에서

소년은 으스스한 한기에 잠을 깼지. 동이 터 오느라 주변이 붉어지는데 같이 자던 청년들은 한 명도 보이지 않아. 으레 있는 일인지라 소년은 묵묵히 밤새 이슬에 젖은 옷가지를 벗어 나무에 걸어놓았어. 어젯밤 청년들은 망덕봉 기슭 조금 평평한 곳에 낙엽을 긁어모아 잠자리를 만들어 놓고 소년을 가운데 재웠지. 산사람들은 자신만이 아는 송이가 많이 나는 장소가 있고 서로 그곳이 어딘지 알려하지 않는 불문율이 있다네. 새벽 일찍 청년들은 근처에 자신만의 송이 밭에 갔을 터. 조금 있으면 그들이 다시 돌아와 각자가 싸온 주먹밥으로 아침을 먹겠지.

소년은 주루막을 열어보았지. 어제 하루 종일 언별리 앞산을 누비며 얻은 송이 몇 뿌리와 싸리버섯들이 민망하게 쳐다보았네. 청년들이 올 동안 하릴없이 능선을 따라 올라가 큰 바위 위에 섰지.

단경골 계곡이 굽이지는 저 멀리 오늘 올라야할 칠성산 장치골이 보여. 앞 산 너머로 아침 연기로 자욱한 어단리가 펼쳐졌네. 소년은 순간 허기와 함께 몽롱한 환영을 보았네.

멀리 학산 벌판에 불길이 치솟네. 굴산사가 불타고 있어. 수많은 승려들이 이리 저리 도망가고 그 뒤를 쫓아 창검을 꼬나든 고려 병사들이 닥치는 대로 살상을 해대고 있네. 멀리 왕산의 제왕산성에서 날린 전서구는 갈 곳이 없어 헤매다 소년의 손에 올라앉았네. 서찰엔 모니노(牟尼奴) 우왕이 서균형(徐均衡)에게 피살되었다는군.

담정산(칠성산의 옛이름) 기슭에 어단(御壇)을 쌓고 왕의 복위를 꿈꾸던 우왕의 신하들이 고개를 넘어 쫓겨 오다 소년을 발견하고 외쳤지.

"도망가거라. 이방원이 닥치는 대로 죽이고 있다!"

망덕봉 조망대에서 바라본 운해

"왜 죽인단 말이오?"

"왕께서 굴산사의 도움을 받았다 하여 사찰을 불태우고 승려들을 도륙내고 있다. 우리 신하들을 머물게 했다고 마을을 불태우고 있다."

"그러오? 나를 따르시오 저 계곡 안은 지세가 험하여 군사들이 더는 못 쫓을 거요. 내가 지리를 잘 아니 앞장서리다."

소년이 그들을 이끌고 계곡 깊숙이 들어가 숨을 곳을 마련했네. 고려의 신하들이 단을 쌓았지. 소년이 물었네.

"무얼 하시오?"

"산 넘어 어단(御壇)을 잃었으니 다시 쌓아야 하지 않겠나?"

"다시 쌓아 뭐 할 거요? 나라를 잃은 마당에."

"우리가 있는 곳이 나라다."

"그럼 여기가 도성이요?"

"단을 쌓았으니 이제 여기가 우리의 서울 단경(壇京)이지."

"그렇소? 그럼 이제 이 골짜기는 사냥꾼에 쫓기는 꿩들을 숨겼으니 장치(藏雉)골이오"

소년도 그곳에 숨어 살고 싶었지만 아래에서 형들이 부르는 소리에 정신을 차려야 했어.

발밑에는 어느새 아침 안개가 운해(雲海)로 변해 저 멀리 어단리(御壇里)와 단경(壇京)골 장치골도 삼켜버렸지. 그 사라진 어단리에 자네 모습을 그리며…….

친구야!

나는 지금 반백의 머리와 둔해진 몸을 이끌고 칠성대에 올라 미처 꾸지 않은 퍼즐들을 맘대로 만들고 있네. 산 아래로 보이는 금광평과 강릉 시가지를 내려다보며 너무나 많이 변한 풍경 위에 우리의 유년을 오버랩 해보지만 제대로 옛 기억을 복원할 수 없네. 이때 자네가 옆에 있어 거들어 준다면 좋지 않겠는가?

어단리 솔밭에서 공 차던 친구들. 십팔기를 전수하겠다던 청년들. 잠시 스쳐간 것들이 어느덧 우리의 역사가 된 요즘, 강릉의 영산 칠성산도 등산로가 생겨 매일매일 관광차가 드나들지.

나는 상상해보네. 어느 날 차에서 내리며 환하게 웃는 자네의 모습을…….

이형대(李炯大)_농부의 아들로 태어나 십여차례 이사 후 구정면 어단리에 정착하였다. 학창시절 여유로운 시내 친구들의 꿈을 베껴 내 미래에 얹어 보았지만 내 것이 되지는 못했다. 옥천동에서 학원운영(매스피아수학학원)을 하고 있다. 평소 사진도 잘 남기지 않을 만큼 "흔적을 남기지 말자" 는 생각으로 살고 있다.

걷어들리면 대뜨번에 쎄싸리가 빠져요

고향 강릉을 떠난 지 30년이 되어가는 데도 아직 강릉의 사투리를 버리지 못하고 있다. 아니 솔직히 버리고 싶지 않다. 얼마 전 모 방송의 연속극에서 강릉 사투리를 유창하게 구사하던 연기자가 강원도 사투리는 영어보다 어렵다고 토로 할 정도로 태백산맥이 가로놓여 방언이 유난히 심한 지역이 강릉이다.

30년 타향 생활 중 강의 등 대중 앞에 나설 때면 흉내 내기 힘든 사투리를 쓰는 내게 사람들은 묻는다. 고향이 어디냐고. 그 때 평소 연습해두었던 율곡 선생의 십만양병설 몇 구절을 나름 맛깔나게 토해 놓는다. 당연히 무슨 말인지 못 알아듣는다. 자연스럽게 해석(?)을 해주며 불편하거나 서먹했던 분위기를 해소한다. 그런 연유로 나

발락고개 무선국 가는 길

는 '걸어들이면 대뜨번에 쎄싸리가 빠져요'*로 기억하기도 한다.

이렇듯, 나의 유년기는 태백산맥이 가로막고 대관령이라는 틈새로 바깥세상을 겨우 접했던 강원도 강릉에서 시작된다.

모교인 강릉초등학교 뒤 좁은 언덕길로, 무선국 올라가는 길을 지나면 언덕 정상에 이르는데 이 고개를 '발락고개' 라 한다. 서쪽으로 홍제동 푸르지오 아파트 단지가 있는데 지금은 평지로 아파트 단지가 형성되어 있지만 유년 시절에는 황토(黃土)의 벌거벗은 산으로, 산정(山頂)에는 한국전쟁 때 총탄 세례로 폐허가 되어 뼈대만 흉하게 남은 무선국 건물이 있었는데 유년기의 우리들에겐 아주 적절한 전쟁놀이의 터가 되었다.

발락고개는 성산주령에서 내려온 산 능선으로, 옛날에는 강릉시 유천동, 성산면 위촌리 사람들이 시내에서 일을 보고 이 고개로 넘나들었는데, 그 옛날 옥천동 강릉여고 옆에 있는 용지각(龍池閣)에서 나온 용이 승천(昇天)하기 위해 쑥두룩에서 쑥을 먹고 취해 이 고개

---

* '걸리면 대번에 죽어요' 라는 뜻의 강릉지역 방언임.

를 넘을 때 힘이 들어 숨을 발락 발락 쉬었다고 하는데서 유래한다. 용지각(龍池閣)은 고려 충숙왕의 사위인 강릉 최 씨 최문한 공(公)이 고려가 망하자 부인 숭명공주(崇明公主)와 같이 강릉에 은거하며 준마를 타고 다녔는데, 어느 날 이 연못가 버드나무에서 준마를 다듬는 중 갑자기 구름이 자욱하게 끼더니 말이 못 가운데로 뛰어 들어가 용이 되었다고 하며, 조선 영조 때 마을 사람이 관청에 건의하여 못을 다시 파서 복구하였으며, 1920년 최문한 공(公)의 후손들이 유적비와 각(閣)을 세웠다고 한다.

용지각에서 나온 용이 승천하기 위해 쑥두룩에 가서 쑥을 먹고 취해, 발락고개에 와서 숨이 차서 숨을 발락 발락 거리며 겨우 넘고, 비름돌(발락고개 넘어 옛 도살장)에 가서 비름(비듬)을 먹고, 소리골(지금의 솔올마을 인근)에서 소리를 지르고, 코풀재(지금의 관동중학교 앞 인근)에 가서 코를 풀고, 북 바위에 가서 북을 치고, 죽일에 가서 죽으니 메(묘)두에 가서 묘를 썼다고 하는 재미있는 전설이 있다.

나의 유년기 행동 반경은 발락고개에서 강릉초등학교 5리(2km) 남짓 되는 구간이다. 1896년 개교한 강릉초교는 117년 간 3만 4천여 졸업생을 배출한 역사와 전통을 자랑하는 학교이다. 교가는 아직도 생생하게 기억하고 있다.

웅대한 대관령 맑은 남대천
관동팔경 경포가 놓여있는 곳

70년대 초 강릉초등학교(국민학교) 전경

한 백년 역사 깊은 우리 강릉교

아침저녁 길 닦는 삼천 어린이 (후렴 생략)

내가 1971년 입학하였을 당시에도 이 교가를 목이 터져라 힘차게 불렀는데, 눈길이 가는 건 언제인지 알 수 없는 과거부터 초등학생이 "길을 닦았다" 는 부분이다. 이렇게 당당하게 교가에도 활자화되어 있을 정도로, 지금은 상상할 수도 없는 초등학생의 노동력의 착취(?)가 있었으니…….

우리는 거의 매일 해뜨기 전 새마을 조기청소에 동원되었고, 여름방학이 끝날 즈음엔 방학숙제로 퇴비를 제출해야 했다. 물론 남녀학생의 제출 량에 차이가 있었지만 시내 권에 사는 학생들은 부담이 되었다. 남학생의 경우 호감을 갖는 여학생의 대리 숙제(?)를 해주고 환심을 살 수 있는 좋은 기회이기도 하였으며, 퇴비숙제를 하지 못한 학생 중 일부는 1인 제출 량을 2등분하여 퇴비 속에 돌덩어리를 넣어 무게를 채워 제출하기도 하였다.

요즘 있었던 일이면 톱뉴스로 보도될 일도 있다. 아침에 책가방 대신 남학생은 삽을, 여학생은 대야를 들고 등교를 한다. 그리고 교장 선생님의 나라 사랑과 학교 사랑의 일장 훈시를 부동자세로 듣고는 학급별로 한 줄로 줄을 맞추어 남대천으로 향한다. 남학생들은 여학생들이 가져온 대야에 삽으로 모래를 퍼 담아주는데, 이때에도 평소 관심 대상의 여학생은 가벼운 무게를 유지할 수 있다. 대야에 모래가 담겨지면 다시 한 줄로 줄을 맞추어 학교로 되돌아와서 정해진 장소에 모래를 쌓는 일이 하교 시간까지 반복되었다. 이렇게 착취당한 노동력으로 이순신 장군 동상도 세우고 공부하는 어린이 상도 세우는 등 당시의 우리는 '아침저녁으로 길을 닦았다.' 지금은 전교생이 900명 정도인데, 당시 삽과 대야를 들고 말없이 노동력을 착취당했던(?) 우리 '삼천 어린이들' 은 지금 어디서 어떻게 살고 있을까?

박상균(朴商均)_ 발락고개를 오르내리며 부유하지는 않았으나 부지런한 유년기를 보냈다며 만나는 사람마다고향이 강릉이라고 자랑하고 다닌다. 선친(先親)의 뒤를 이어 경찰공무원이 되었고, 지금은 '국민을 경찰의 열광적인 팬으로 만들기' 위해 경찰학교에서 후배 경찰관을 양성하고 있다.

우추리는 힐링의 어머니

나는 고향을 말할 때마다 쑥스러움을 감내해야 한다. 마을 입구에 자리하고 있는 개 거시기 모양의 바위 때문이다.

"제 고향은 우추리 개x바위래요."

그러면 사람들은 무슨 그런 동네가 있냐고 날 이상한 사람 취급을 하기도 한다. 그럼에도 난 개의치 않고 내 고향, 우추리의 역사를 늘어놓곤 한다.

정확히 말하면 내고향은 하트 모양의 관음리 안국(安國)이지만, 30여 가구 남짓한 작은 마을이기에 초등학교가 없다. 그래서 우추리 '송양초등학교' 를 다녔고 내 마음의 영원한 안식처이다.

위촌리는 본래 강릉군 성산면 지역으로 '우출이' 라 하다가 1916

우추리 개바위

년에 골아우, 새잇말, 송두골, 항생골, 지암골을 합해 중국 주나라의 재상 강태공이 낚시하던 위수와 같다고 하여 위촌리라 했다. 위촌리의 속명이 우출(牛出)인 것은 마을 제일 안쪽 골아우에 있는 臥牛形의 묘자리에서 소가 나왔다고 하여 생긴 이름이다.

어릴 적 추억의 자락을 들춰보면, 집에서부터 초등학교까지는 한 시간 이상 걸렸다. 지금은 큰 길이 나서 가까워지긴 했지만, 그때는 시골길이면서 산을 두 고개 넘어 논둑길과 밭두렁을 가야 했다. 특히 문애기 골의 큰 개가 목줄이 풀어져 있는 날에는 한참이나 숨어 기다렸다가 개가 집으로 들어갈 때 냅다 뛰어 가야 하므로 시간이 더 걸렸다.

학교는 보통 라디오에서 7시 뉴스 시작하면 출발해야 했다. 7시 50분에 연속극인 "안녕하십니까?" 를 시작하고 가면 계속 뛰어 가야 했고, 8시 뉴스의 광장을 시작하면 거의 지각이었다.

7시 아침 종합뉴스를 시작할 때 출발하면 바람불이 언덕에 모여서 구슬치기, 비석치기, 딱지놀이, 여자들은 고무줄 놀이 등을 하다가 등교할 수 있었다. 바람불이는 관음리 안국과 위촌리 문애기 마을 경계선에 있는 높은 산 정상인데, 바람이 세게 불어 바람불이라고 불리었다.

그 때는 손목시계를 가진 친구들이 아무도 없어서 해시계 비슷한 방법으로 시간을 예측했다. 바람불이 정상에는 아침 해가 잘 들었는데, 누가 가르쳐 주었는지 기억 없지만, 연필 한 자루 크기만한 작대기를 꽂아 놓고 그림자 위치에 따라 시간을 가늠했다. 물론 봄, 가을 그림자 위치가 달라 고학년 형들의 지혜가 필요했고, 그것은 동생들에게 계속 이어져 왔다.

또 신작로, 냇가, 산, 들, 바다는 일상의 놀이터였다. 봄이면 채 녹지 않은 논밭에서 언 땅을 이기고 올라온 냉이 등 봄나물을 캐는 일이 놀이이기도 했다. 여름이면 그을린 몸으로 냇가에서 물장구를 치고, 고학년 때는 멀리 명주군왕이 기거했던 금산에까지 달려갔다. 큰물이 흐르는 남대천에 뛰어 들어 자연과 한몸이 되기도 했다.

학교 갔다올 때 배가 고프면 산 너머 밭에서 일하는 부모님 곁으로 갔다. 한참 산길을 헤치고 달려오는 막내 아들을 맞은 부모님은 점심을 다 먹지 않고 남겨 놓으셨는데, 난 밥알 하나, 감자 찌꺼기 하나 남기지 않고 싹싹 긁어서 비우곤 했다. 그리고 밭떼기 옆 조그마한 샘물에서 물을 담아, 대충 그릇을 씻고 곁으로 달려갔다.

가을이면 하굣길에 감나무에 올라가 홍시를 따먹고, 주인이 올 때쯤이면 냅따 뛰어 도망가던 일, 빈 소주병에 메뚜기를 잡아 어머니에 한참 산길을 돌아가는 이유는 배가 고파 부모님이 드시다 남은 점심을 먹으려고...

게 가져다 드리면 구수한 들기름에 튀겨서 할아버지 할머니 먼저 드리고 아버지까지 드시고 나면 그제야 형제, 친척끼리 서로 싸우듯이 손으로 집어 먹던 일들이 새록새록 아른 거른다.

겨울이면 쫄쫄 흐르던 논의 주 물줄기 아래 보나 수렁이 있는 낮은 논바닥 구석을 삽으로 파서 미꾸라지를 잡거나, 만물이 막 생동하는 새봄에는 괭이 들고 산으로 가서 칡을 캐서는 그 자리에서 뜯어 먹고, 시커먼 입과 얼굴 주변을 서로 쳐다보면서 함박웃음을 짓던 친구들.

그런 친구들 가운데 이번에 아들 장가를 보낸단다. 친구 아들 결혼식도 중요하겠지만, 어릴 적 홀딱 벗고 허물없이 지냈던 친구들과 함께 시간을 한다는 것이 더 설레었다. 11명의 남자 졸업생, 15명의 여자 졸업생, 총 26명의 졸업생들이 전국 각지에서 모여들었다. 졸업 후 36년이 지난 세월은 어쩔 수 없어 다들 아줌마, 아저씨 모습이지만, 그 시절 그 모습이 어디 가겠는가!

"야! 니는 우터 한 개도 안 변했나?"

"니도 그렇다야!"

우리는 서로를 보며 50줄 중년의 수다를 늘어놓았다. 이렇듯 개x 바위가 있는 내 고향 우추리는 지금껏 내 추억의 보고가 되고 있다.

권오광(權五光) — 두메 산골 성산면 관음2리에서 태어나 우추리에서 꿈을 키우며 살았다. 어릴 적 좋은 꿈을 꾸게 해준 강원도 산골의 자연 덕분에 서울 한복판 광화문 네거리에서 그 꿈을 실현하고자 치열하게 살아가며, 틈만 나면 태평양과 태백산맥 언저리를 맴돌며 힐링하고, 고향을 위하는 일이라면 자다가도 달려가는 건방진 안국 촌놈.

선자령

그곳에 서면 내가 보인다!

30여 년 전 대굴령 말랑에서 내레다보는 강릉이 무척 조웠다. 그냥 조웠다.

직행버스를 타고 꾸벅꾸벅 졸더거 보믄 머이 히얀하게도 달콤한 냄새가 나기 시작한다. 그래믄 누거 꼬집는 긋도 아닌데 벌떡 일어나서 콧구녕을 벌름거리미 냄새를 맡는다. 지금 같으믄이야 휴세소에서 잠깐 다 가기도 했지만 그 시절에는 그 딴기 머 있나? 버스 정류장마다 섰다가는기 다래서 창문을 열고 냄새만 킁킁 거릴 뿐이었지머.

아! 고향의 냄새…….

그래더거 대굴령에 꼭대기에 들어서믄 강릉 시내가 훤이 뵈키는

기 참 조웠다. 요짝 조짝에 뵈키는 산도 함 가보고 싶다는 생각으 하미 그래 지내다가, 십년이 한 번 훌 지나고 또 한 번 휘익 지난 어느날 드디어 첫 경험을 하게 된 기 울매나 좋던지.

거게가 선자령이라는 긋도 첨 알게 되고. 산이 왜서 선자령(仙子嶺)인지는 모르지만.

선자령 꼭대기에 서믄 안 뵈키던 모든 기 마큰 눈에 들어온다.

날이 좋으면 강릉 시내는 물론이거니와 저 멀리 동해 바다에 둥실떠 있는 독도 앞 바다에서 헤엄치는 고래 이빨 사이에 낑게 있는 쪼마한 물고기 뼤도 뵈킨다는…….

물론 주변에 있는 쪼꼬마하고 이쁘장한 야생화덜은 감수성 풍부한(?) 나를 홍분시키기엔 충분했지.

내거 첨 거 게를 두 다리로 짚었을 적에는 여름이 막 시작되는 그런 때였지 머. 꽂이 먼지 풀이 먼지 그 기 소낭근지도 모리던 그때인데 여게 저게 페 있는 그 작은 긋들이 울매나 이쁘든지 기양 와! 와! 이래미 걸었던기 머

물론 숨이 차서 헥헥거리민서도 눈앞에 페지는 풍광이 울매나 가슴 벅차게 하든지, 쉬와안 안 적거 본 게덜은 상상도 모할 일이야.

그래저래 첫 정험으 하고 혼자서 상사베이 걸레서 죽을 지게이 될쯤 새해 첫 해돋이르 보러 거르 다시 가게 된기 햐아, 나는 가가 나르이러 혼구녀을 낼 줄은 미처 몰랐싸!

살을 에이는 바람이라는 말 들어봤재? 딱 그기야 초짜배긴기 머

이 제대로 준비나 했겠나? 그래도 들은 기 있어서 아래 우로 세 개씩 입고 장갑도 두 개를 찌고 단대이 준비르 하고간기 아뿔싸 얼구리르 다 든내놓고 간기야. 요즘말로 헐!

기양 살이 찢어지는그 같드라니 콧물이 얼어서 코 안이 쩍쩍 달라 붙고 숨으 쉬니 다 얼어서 숨으 쉴 수가 엄뜨라고. 바람은 또 울매나 불어대던지 제적지도 않더라니. 그때 기억은 얼굴이 얼어 터져서 무척 개루웠던거 뿐이 엄싸.

게도 거서 본 일출이 어데서 본 것보다도 멋졌고 황홀했고 아름다웠싸. 안 봐봤으믄 말으 말어.

아름다운 야생화 천지를 맘껏 감상할 수 있는 봄. 되우 더운데 중말 더운데 여게 가믄 날씨를 싹 잊어뿌리고 시원함을 느낄 수 있는 여름. 가을엔 대한민국 천지 어데를 가도 안 조은 데가 엄싸. 그채? 그리고 겨울눈과 바람 속을 걷노라면 얼굴이 터져나갈 만큼 찬바람과 입김이 얼어 우박이 되고 눈썹에 눈이 붙어 흰색 마스카라를 한 것처럼 되어버리긴 해도 겨울산의 묘미를 제대로 보여주는 겨울 선자령!

특히나 새해 첫 일출을 보기 위헤 오른 선자령은 거의 실신할 성도로 환상이었어.

요즘에는 한달에도 서너 번은 다녀오게 되는 선자령!

그곳에 서면 내가 보인다!

내가 보인다!

선자령은 우리 국토의 등뼈인 백두대간을 밟는 길입니다.

선자령을 예전에는 대관산, 혹은 보현산이라고도 했답니다.

그리고 보광리에 있는 보현사에서 선자령을 보면 떠오르는 만월 같다고 해서 만월산이라고도 했답니다.

높이 832m의 대관령 정상에서 올라가기 시작하여 선자령 정상이 1157m이므로 아름다운 산길을 비교적 완만하게 올라갑니다.

겨울에 눈이 1m 이상 쌓여 있어 눈꽃 산행으로 유명하지요.

봄부터 가을까지는 야생화 천국을 이룹니다.

걸으면서 양떼목장을 볼 수 있고요, 산 위에 줄 지어 늘어선 하얀 풍력발전기의 이국적인 풍경들도 볼 수 있어요.

전나무 숲길, 자작나무 숲길 등도 있습니다.

김소영(金素映)_ 강릉읍에서 태어나 강릉시에서 자란 강릉 토박이. 태어나 자란 고향 강릉에서 20여년을 학원을 운영하다가 지금은 노인 요양원에서 사회복지사로 열심히 근무하고 있다.

그 해 여름은 특별했다!

"니는 몇 번 갔다 왔나?"

"니는?"

여름방학이 끝나자마자 우린 삼삼오오 모여앉아 방학동안 지낸 일을 나누며 수다보따리를 풀기 시작했다. 바다를 지척에 두고 살아서인지 우리에겐 여름에 해수욕장 가는 것은 흔한 일이었다. 그러다 보니 방학동안 바다를 다녀온 횟수가 종종 자랑거리가 되곤 했다. 어떤 때는 부모님 손에 이끌려가고, 어떤 때는 멀리 다른 지방에서 방문한 친척들 틈에 섞여서 가기도 했다. 그 중에서 친구들과 어울려가는 것이 단연 즐겁고 좋았다. 하지만 부모님은 걱정 반 근심 반으로 우리끼리 가는 것을 쉽사리 허락하지 않았다.

그런 분위기에서 여고 2학년 여름방학 때, 우리는 우리만의 특별한 방학을 만들고자 모의했고 실행에 옮겼다. 친구들과 모여서 해수욕장에 가기로 한 것이다. 부모님의 허락도 어렵게 받아냈다.

동해안의 해변은 해안선을 따라 구획 나누듯이 각각의 이름들이 있었다. 모든 해변이 그럴 것이라 짐작하지만 나는 동해밖에 모르기에-시내에서 가까운 경포, 강문, 안목, 송정 등 '소돌' 을 알기 전까지 우리는 그 정도의 바다밖에 모르고 있었다. 또한 모든 동해바다는 깊은 줄로만 알고 있었다. 그래서 기껏 개헤엄 정도밖에 못하는 나는 바닷물 속에서 노는 것에 그다지 재미를 붙이지 못했었다. 그런데 그해 여름 우리는 새로운 동해를 발견했다. 비록 개헤엄 수준이지만 물속에서 맘껏 놀 수 있는 얕고 푸른 동해바다를 보았던 것이다.

그 시절 주문진은 강릉시로 편입되기 전이었고 지금의 도로도 생기기 전이어서 강릉에서 가려면 40분에서 50분정도 걸리는 곳이었다. 요즘은 주문진이 강릉시로 편입되어서 '강릉시 주문진' 으로 불리게 되었고 강릉에서 주문진으로 가려면 시원하게 닦인 길 덕에 20, 30분밖에 소요되지 않는다.

주문진은 항구가 있어서 각종 해산물이 풍부하고 여느 바다와 달리 바다 냄새가 무척 짙었다. 동해바다하면 주문진을 빼놓고 이야기할 수 없을 정도로 주문진은 바다가 줄 수 있는 혜택을 모두 주고 있는 곳이었다. 그러다보니 여름만 되면 사람들이 몰려들어서 한적하게 놀 수 있는 곳이 드물었다.

그런데 친구 중 한 명이 주문진의 '소돌' 이라는 해수욕장을 알고 있다고 했다. 그 곳은 많이 알려지지 않아서 조용하고 우리끼리 놀기에 좋은 곳이라고 했다. 우리는 그 친구의 제안에 '소돌' 에서 그 여름을 장식하기로 했다.

'소돌' 은 주문진 해변의 한 자락이었다. 그 이름을 처음 들었을 때 '작은 돌들이 많은 바다라서 붙여진 이름인가보다' 라고 생각했다. 다른 친구들도 모두 나처럼 생각한 듯했다. 하지만 나중에 알게 된 '소돌' 이라는 이름은 '작은 돌' 이 아니라 소를 닮은 바위(牛岩)가 누워 있는 모습을 한 바위에서 온 이름이었다. 또 주문진항에서 북쪽으로 약간 떨어진 곳에 마을이 있었는데 그 마을의 모습은 마치 소가 누워 있는 형상을 하고 있었다. 그곳엔 소를 닮은 바위도 있었고 모래사장을 따라 이어진 해안선 끝에는 여러 개의 기암들도 있었다.

친구들과 몰려간 소돌 해수욕장은 주문진 해수욕장과 바로 붙어 있는, 주문진의 끝자락에 있는 작은 해변이었다. 친구 말처럼 사람도 별로 없었고 여름 해수욕장치고는 조용하고 아담했다. 바다 먼 곳까지 갈 수 있을 정도로 수심이 얕고 맑았다. 바다 속을 들여다보면서 발끝에 차이는 조개를 잡는 재미 또한 쏠쏠했다. 게다가 우리가 바라던 대로 맘껏 떠들고 재미있게 놀기에 좋았다. 우리는 그곳에서 신나게 수영하고 재미있게 놀았다.

그해 여름, '소돌' 은 예닐곱 명 갈래머리 여고생들의 자유로운 몸짓을 아무 제한 없이 무한대로 포용해 주었다. 투박한 사투리로 소리

일곱명 갈래머리 여학생들의 나름대로 멋낸 수영복들

치며 깔깔대는 모습도, 나름대로 멋을 낸 수영복으로 치장하고 천방지축 돌아치는 모습까지도 말없이 받아 주었다. 게다가 우리에겐 익숙지 않은 상냥한 서울말로 수작 거는 남학생(그땐 그렇게 보였다)과 그들에게 내숭 떨며 함께 어울리는 모습까지도 '소돌' 은 그대로 품어 주었다.

특별한 추억을 만들고자 떠났던 그곳, '소돌' 에서 우리는 뜨거운 태양만큼이나 화끈하고 열정적인 여름을 연출할 수 있었다. 친구들과의 잊지 못할 추억이 있는 소돌 해수욕장! 그 시절로 다시 돌아 갈 수 있다면 지금이라도 맨 발로 달려가고 싶다.

아, 내 고향 강릉! 그리고 주문진, 소돌, 친구들……. 생각만 해도 가슴이 따뜻해진다. 여고시절 친구들과 갔던 '소돌' 의 추억은 그리움으로 피어나 절로 연가를 부르게 한다.

김혜경(金惠璟)_ 강릉에서 나고 자랐으나 부모님의 억압에서 해방되고 싶어 서울로 유학오다. 매일 매일을 삶에 쫓겨 살다보니 어느새 오십. 더 늦기 전에 하고 싶은 일에 도전해 보려고 실버 사업(?)을 시작했으나 아직은 많이 어설픈 햇병아리다. 고향은 떠났지만 강릉만한 곳도 없다는 생각에 노후는 고향에서 보내고 싶은 소망이 있다.

엄마의 감나무

추억은 종종 하나의 장면으로 되살아난다. 오랜 세월이 지나 '정말 그때 그런 일이 있었나?' 싶게 모든 것이 가물가물해졌을 때, 그때에도 휘발되지 않고 그 시절, 그 장소로 이끄는 건 별 것 아닌 장면 하나다. 어느 순간 우리는 카메라의 조리개처럼 몸을 열어 장면 하나를 받아들였던 것일까? 그리고는 긴 시간 동안 빛바래지 않도록 단단히 흡착시켜 온 것일까? 몸이 기억하는 한 컷의 장면은 의외로 강렬하다.

내게 있어 가을은 감과 함께 온다. 여찬리 유년의 집 담장 밖을 채우고 있던 감나무에 대한 추억과 함께 온다.

봄이면 감꽃을 모아 목걸이를 만들었다. 긴 무명실에 하얀 꽃송이를 꿰어 목에 걸면 별모양 꽃들은 멋진 화환이 되었다. 마치 하와이언 레이(꽃목걸이)처럼 감꽃들은 가슴팍에서 찰래찰래 몸을 흔들었다. 보아주는 이 없어도 마냥 즐거울 수 있었던 어린 시절의 추억 한 자락이다.

가을 깊어진 날이면 아침잠에서 깨자마자 우물가로 향하곤 했다. 그곳엔 커다란 고목 감나무가 두 그루 있었는데 밤 사이에 농익은 홍시들을 떨구곤 했다. 먼저 울긋불긋 감잎들이 융단처럼 깔리고 나면 그 위로 후둑 홍시들이 떨어졌으리라. 손바닥만 한 잎사귀 위에 살포시 내려앉아 흙 한 톨 묻히지 않았으리라. 내가 찾던 홍시는 바로 그런 것들이었다. 모양새는 찹쌀모찌처럼 납작하니 퍼져야 좋고 가장자리엔 자잘하니 금이 가야 제대로 익었다. 맞춤한 놈을 골라 망개떡 마냥 이파리 째 감싸 올렸다.

이즈음 엄마에겐 일거리가 하나 더 늘었다. 고구마, 콩, 고추…… 가을걷이를 끝내고 이제 한 숨 돌리려나 싶을 때 엄마의 손길을 기다리고 있는 것이 있었으니, 바로 담장 밖 감나무들이다. 기억으로 여남은 그루되었던 것 같은데 모두 수십 년 된 고목이다 보니 감 따는 일이 쉽지 않았다. 나무를 타고 중턱까지 올라가야 했고 긴 장대는 늘 짧았다. 아버지도 분명 동참하였으련만, 내 바디카메라가 기억하는 장면은 엄마의 모습 뿐. 하루 종일 감나무에 매달려 하염없이 장대질을 하던 엄마의 모습 뿐이다.

양동이에 밧줄을 매어 허리에 감고 오른다. 감나무는 표면이 매

끈해 오르기 쉽지 않은데 엄만 용케 잘도 오른다. 장대 끝은 반으로 갈라져 있어 가지를 끼운 후 돌리면 된다. 어쩌다 놓친 것들이 떨어져 파삭 금이 가기도 하지만, 엄마가 놓치는 건 많지 않았다. 양동이가 다 차면 두레박처럼 감을 내리고 그러면 밑에 있던 내가 잽싸게 붓고 다시 빈 통을 올려 보냈다.

"아휴, 말도 마라. 감 따는 일만큼 고역이 또 있을라구? 나무는 미끄럽지, 장대는 길어 팔은 아프지, 쳐다보자면 아주 고개가 빠졌어야."

생각만으로도 뻣뻣해지는지 엄마 손이 목덜미로 간다. 하긴 어쩌다 홍시라도 따보겠다고 장대를 뻗쳤을 때, 고작 대여섯 개를 따고 고개를 주억거렸던 나였으니, 그런 내가 어찌 가늠이나 할까. 그 많던 감이 누구의 고개로 따졌는지 장면만이 증거할 뿐이다. 엄마가 감나무에 매달려 있던 날, 이 나무에서 저 나무로 옮겨가며 감빛만큼이나 벌게진 얼굴로 내려오던 날, 난 그저 철없이 즐거웠을 뿐이다.

그렇게 따 들인 감을 처리하는 것 또한 큰일이었다. 일부는 항아리에 담아 겨우내 먹을 냉홍시가 되고, 일부는 물 따끈하게 데워 짚으로 감싸 침감이 되었다. 나머지 것들은 깎이고 깎여 말간 곶감이 되었다. 어쩌다 반 물레기, 금 간 것들은 감 쪼가리가 되기도 했다. 감 껍질 사이에 넣어 분을 내면 겨우내 요긴한 간식이었으니 어느 것 하나 버릴 게 없던 감. 아니 어느 하나 버리지 않으려고 낮 동안 뻣뻣해진 고개는 또 밤이면 감을 깎느라 뻐근해졌다.

감을 깎아 곶감을 만드는 건 긴 수공(手工)을 요하는 일이었다. 저녁상을 물리고 나면 동네 아낙들이 하나둘, 뒷방으로 몰려든다. 너무 오래되어 '정말 그런 일이 있었나?' 싶게 희미한 기억이지만, 명자엄마, 복규엄마, 장교엄마는 함지박을 앞세우고 건너왔다.

"하람댁이 낮에 감 따는 걸 봤지."

그들이 온 이유는 그게 다였다. 누가 따로 청하지 않아도, 엄마가 하루 종일 감나무에 올라가 있는 것만 보고도 알아서 모여들었다. 뒷방에 둘러앉아 저마다 함지박을 앞에 놓고 감을 깎는다. 손은 손대로 재게 움직이고 수다는 수다대로 이어진다. 만추의 밤이 깊어갈 즈음 함지박 속의 감껍질도 수북해진다. 그런데 그들이 가져가는 것은 고작 감껍질이었던 걸로 기억한다. 사과나 배, 그 어떤 과일보다도 깎기가 힘든 것이 감인데, 더구나 우리 집 감은 또배감, 돌감이라 손아귀에 차지도 않으니 깎는 것이 더욱 힘들었을 터인데, 그들이 가져가는 것이 고작 제 깎은 분량만큼의 껍질이라니, 긴 밤 수공에 대한 보상치곤 참으로 야박하던 시절이다.

"그땐 다 그랬어야. 감나무가 없는 집들은 그렇게 해서 감껍질이라도 얻고 싶었던 거지. 분 내서 떡 해 먹으면 맛나잖아. 어쩌다 반 물러버린 것이나 깨진 것들, 홍시도 얹어줬다."

아낙들이 물러가고 나면 이제 감은 남자들 몫이 된다. 할아버지는 이미 전날 싸리나무를 한 바수가리 베어왔다. 곶감꽂이로 쓸 꼬챙이도 만들었고 시렁에 걸 새끼줄도 꼬아놓았다. 준시가 드물고 접곶감이 보편적이던 때의 얘기다.

한 꽂이에 열 개씩 감을 꿴다. 한 줄, 두 줄, 세 줄 ……. 마침내 시렁에 걸리면 내 방문 앞 처마엔 주렁주렁 주홍빛주렴이 드리워졌다.

친정에 가게 되면 어릴 적 살던 동네를 한 바퀴 돌아보는 것이 큰 즐거움이다. 대학 졸업 후 시내로 이사를 했기 때문에 이제 더 이상 유년의 집은 남아 있지 않지만 난 곧잘 추억 속 장면에 이끌려 길을 나선다.

"엄마, 저 이번 주에 내려가요!"

"얘, 이번에도 차 갖고 올 거니?"

집에 간다하면 어김없이 돌아오던 물음. 5년 전, 아버지는 돌아가시기 전에 자동차를 내게 물려주셨다. 그래선지 엄마는 유독 차편에 관심이 많다. 아빠와의 추억이 그리운 걸까. 아빠가 물려주신 차를 타면 행복해 보이기까지 하는 엄마.

"네, 엄마. 이번엔 박 서방도 같이 갈 거예요. 차 갖고 다니면서 천천히 사진도 찍고 ……. 아참, 우리 여찬리에도 가볼까?"

"거긴 뭐 하러 가? 가 봐야 뭐 있다고."

하긴. 집 팔고 터 팔고 떠나온 지 25년이다. 가봐야 아무 것도 남아 있지 않다.

"엄마 말이 맞아. 가봐야 쓸쓸하기만 하지. 그러지 말고 우리, 지슭밭에 가자."

엄마를 지슭밭(기슭밭)으로 이끈다. 많은 것이 사라졌어도 아직 감나무가 남아 있는 곳. 집터와는 별개로 떨어져 있는 농토이다 보니 아직 우리 소유의 밭이다.

밭가엔 감나무 두 그루 서 있다. 가을이 깊어지면 엄마의 마음이 지슭밭 가 똘배나무로 달려가고 있음을 안다.

“올해는 참 많이도 달렸구나. 이리 달리는 걸 해마다 놓치고 있으니, 아깝지 않냐? 난 가을이면 여기부터 오고 싶어진다.”

모처럼 엄마가 속내를 드러내셨다. 엄마의 가슴 속엔 아직 감나무가 자라나 보다. 작고 못생긴 똘배 감들이 가을마다 주홍빛으로 익어가나 보다.

남편이 장대를 들고 감을 따기 시작한다. 발돋움까지 하며 열심히 딴다. 그러나 서울내기인 그의 장대질은 영 서툴기만 하다. 아버지가 엄마에게 서툰 남편이었듯, 그래서 감나무에 오르고 고개가 뻣뻣해지도록 감 따는 일이 엄마의 몫이었듯 남편의 감 따는 솜씨는 실망스럽기 짝이 없다. 장대를 뺏어 나서본다. 그러나 나라고 별 수 있나, 하나라도 더 따겠다고 용을 써 보지만 감 따는 일은 참으로 녹록치 않다.

“하나, 둘, 셋, 넷……. 칠십 네 개네. 팔십 개가 되면 좋으련만.”

밭가에 앉아 감을 세고 있던 엄마가 중얼거린다.

“엄마, 웬 팔십 개? 이제 다 딴 거 같은데? 안 보여. 장대가 닿는 곳은 다 땄어.”

‘팔십 개만 되면 좋겠네. 팔십 살까지만 살면 좋겠네.’

들릴 듯 말 듯 혼잣말 하는 엄마. 엄마의 팔십 개가 팔십 살이었음을 듣는 순간, 난 대거리할 말을 찾지 못한다.

"아이, 그런 거였어? 엄마, 팔십 살까지만 살려고? 요즘 어떤 세상인데, 안되겠다. 울 엄마 백 살까지 사시게 백 개 채워야겠네."

일부러 눙치며 호기롭게 나섰다. 그러나 난 감나무에 오를 줄 모른다. 매끄럽게 생긴 저 표면에 엄마처럼 찰진 마찰력을 일으킬 요령을 알지 못한다. 서툰 남편이야 말할 것도 없으니, 우린 그저 찔레가시에 긁히며 도깨비바늘에 쓸리며 몇 개를 더 땄을 뿐이다. 깨금발에 점프까지 했지만 겨우 네 개를 보탰을 뿐이다.

이렇게 딴 감들은 그해 겨울 곶감이 되었다. 엄마의 능숙한 돌려깎기로 하나하나 준시곶감이 되었다. 제사와 명절 차례 상에 올릴 맏며느리의 정성이 되었다. 담장 밖 그 많던 감나무는 이제 모두 사라지고 없지만 지슭밭가 찔레덩굴 숲엔 아직도 엄마의 감나무가 자라고 있다.

전경애(全敬愛)_구정면 여찬리에서 나고 자랐다. 대학진학을 위해 상경하기 전까지 고향은 나를 성장시킨 풍성한 토양이었다. 1987년, 시내로 이사한 후 여찬리는 잃어버린 유년이 되었지만 강릉에 갈 때면 여전히 찾곤 한다. 현재 파주시에 거주하며 시민기자로 활동하고 있다. 2010 네이버 사진부문 파워블로그로 선정되었다. http://blog.naver.com/mink223 "햇살 가득한 들녘"

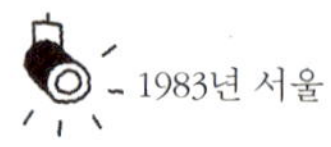

마지막 블루스

1983년 서울의 봄.

'서울의 봄' 하니까 최루탄 연기 뽀얀 정치 이야기 같지만 실은 춤바람에 관한 이야기다. 매혹적이면서 한편으론 쓸쓸하기 그지없었던 그해 무교동과 관철동의 이야기. 그 춤바람에 관한 비망록이다.

그해 봄 나는 난데없이 재수를 하겠다고 서울에 올라와 있었다. 대학에 떨어지고 난 후 '머리 깎고 중이나 돼야지' 하고 있다가 김○건의 꼬임에 넘어가 엉겁결에 올라온 서울이었다.

책은 고사하고 이불도 없이 맨몸뚱이로 따라간 하숙집은 서울시 중구 순화동 중앙일보 바로 앞 골목에 있는 2층짜리 낡은 벽돌집이었다.

하숙집 옥상에 올라가서 왼쪽을 보면 한창 중앙일보 사옥이 신축 중이었고 그 너머 염천교 지나서 서소문공원과 종로학원이 보였다. 바로 코앞에는 낡고 오래된 여관이 있었고 뒤쪽으로는 남대문 사창가 뒷마당이 옹기종기 내려다보였다. 담배 사러 그 사창가 뒷길로 쭉 걸어나가면 저만치 남대문이 보였다.

그 집에서 나는 써늘하고 매캐한 서울의 초봄을 보냈다. 친구 따라 무작정 올라온 서울이었던 만큼 공부보다는 서울 구경이 훨씬 더 재미있었고 그래서 검정고무신을 신은 채 이곳저곳 참 많이도 돌아다녔다.

하숙집엔 삼성생명 직원도 두 사람 같이 하숙을 했는데 그중 한 사람이 강릉상고 출신이었다. 우리보다 한 살 위였는데 동향이라고 얼마나 잘 챙겨주던지 걸핏하면 인생수업을 시켜준다며 야리야리한 여자들이 나오는 술집에 데리고 다녔다.

또 경기여고 3학년이던 하숙집 딸내미와 두근두근 풋사랑을 나누기도 했는데 둘 다 아직은 뭘 잘 모르던 때라서 얼굴만 맞댄 채 나란히 앉아 밤을 꼴깍 새우곤 했다.

다 그해 서울의 초봄에 있었던 일이다. 그리고 진짜 서울의 봄인 5월이 되었을 때, 어느 날 갑자기 내게 얄궂은 바람이 불어왔다. 내 스무 살을 송두리째 흔들어버린 바람. 바람 중에서도 가장 못 말린다는 춤바람 말이다.

나의 춤바람은 어울리지 않게도 입영 신체검사와 함께 시작됐다.

재수생은 군대가 연기되지 않아 5월에 입영 신체검사를 받아야 하는데 강릉 출신 재수생들도 당연히 같은 날 한꺼번에 통지서를 받았다.

우리는 삼삼오오 모여 강릉으로 내려가 신체검사를 받았고 또 다 같이 모여 서울로 올라왔다. 그리고 오랜만에 모인 김에 생맥주 한잔하고 디스코텍에서 몸을 풀기로 의기투합했다. 그것이 그 봄부터 가을까지 이어진 춤바람의 시작이었다.

종로로 몰려가 오백 한잔씩 걸치고 우리가 갔던 곳은 보신각 뒤에 있던 'ABC' 라는 디스코텍이었다. 나는 강릉 오거리의 '산울림' 에 한 번 가본 것 빼고는 그런 데가 처음이었던지라 약간 긴장했지만 촌놈 특유의 허세를 부리며 친구들 뒤꽁무니를 따라 지하계단을 내려갔다.

그리고 잠시 후 두터운 출입문을 탁 열어젖히는 순간, 내 스무 살을 온통 뒤흔들어 버린 바람과 맞닥뜨리고 말았다. 그 바람의 첫 느낌은 뜨거웠고 뒤이어 아찔한 충격이 밀려왔다. 아, 그 충격을 어떻게 표현할 수 있을까?

나는 자리에 앉자마자 그 놀라운 세계에 넋을 빼앗기고 말았다. 쉼 없이 돌아가는 조명, 귓전을 때리는 음악, 담배 피우는 예쁜 여자애들, 세련되고 야한 옷차림들, 경쾌한 리듬 ……. 그것은 단 한 모금에 온 영혼이 휙 가버리는 '엑스터시' 와 같은 것이었다. 동시에 헤어나올 수 없는 뜨겁고 깊은 늪이기도 했다.

그날 우리가 어떻게 놀았는지는 기억에 없다. 다만 희미하게나마 떠오르는 건 우리 모두 최면에 걸린 듯 그 매혹적인 무대에 정신줄을 놓고 있었다는 것이다. 앞으로 다가올 운명이 어떤 것인지도 모른 채.

그날 이후 대다수가 학원으로 무사히 복귀했다. 그러나 안타깝게도 몇몇은 그러지 못했다. 나를 포함해 유○곤, 민○선, 강○철이 그랬다. 'ABC' 에서 받은 그 강렬한 느낌을 기어코 떨쳐버리지 못했던 것이다. 우리는 누가 그러자고 한 것도 아닌데 다음날부터 학원 대신 강○철이 쓰고 있던 우리 하숙집 옥탑방에 모였다. 그러고는 종일 도시락을 까먹으며 시간을 죽이다가 저녁이 되면 슬슬 걸어서 종로로 나가곤 했다.

하숙집에서 걸어서 10분이면 무교동 디스코텍 골목이고 거기서 또 10분쯤 걸어가면 바로 젊은이들의 성지, 종로2가 관철동이었으니 그런 지리적 이점까지 다 우리의 춤바람에 일조한 셈이었다.

그렇게 해서 우리가 두 번째로 간 곳은 관철동의 '미스터 리' 란 디스코텍이었다. 나중에 안 사실이지만 '미스터 리' 는 종로 일대에서 물이 제일 좋은 곳이었다. 예쁘고 세련되고 화장이 야한 여자들이 많았다. 남자들도 진하게 아이 라인을 그리고 있었고 춤이며 패션이 그야말로 '기깔' 났다.

우리는 짐짓 호기 있게 입장했지만 현실은 비참했다. 가꾼다고 가꾸고 갔지만 촌티가 너무 났다. 거기서부터 주눅이 팍 들었다. 우리는 꿔다놓은 보릿자루처럼 구석에 앉아 애꿎은 담배만 피워댔다. 누군가 나가서 춤이나 추자고 해서 쭈뼛쭈뼛 플로어로 나가기는 했는데 한쪽 구석에 엉거주춤 모여서 흐느적대다가 말았다. 의기소침, 결국 우리는 기가 완전히 죽어서 그곳을 나와야 했다.

그러고는 컴컴한 관철동 뒷골목을 이리저리 배회했다. 전자오락실에서 '갤로그' 도 몇 판 하고 실내야구장에서 방망이도 좀 휘두르다가 밤이 깊어서야 터덜터덜 하숙집으로 돌아왔다. 배도 안 고팠고 괜히 처량했다. 촌놈들만 느낄 수 있는 일종의 열등의식이 우리를 짓눌렀다.

그런 날들이 어느새 한 달을 넘어갔다. 6월이 되면서 서울 날씨는 무더워졌고 입시 공부는 저만치 밀려나기 시작했다. 그 시기가 재수생들에게 가장 힘든 시기이기는 했다. 그래서 그런지 디스코텍은 점점 붐비기 시작했고 물은 갈수록 좋아졌으며 덩달아 우리의 춤바람도 불타올랐다.

하지만 우리의 뜨거운 열망과는 달리 서울 날라리들과의 간극은 여전했다. 자주 다니다 보니 조금 익숙해진 건 있었지만 우리는 여전히 섞이지 못하고 주변만 뱅뱅 돌았다. 머리며 패션이며 춤이며 모든 게 시커먼 촌티에서 벗어나지 못하고 있었다. 디스코텍의 조명이 화려하면 할수록 우리는 점점 주눅이 들어갔다.

결국 열패감을 견디다 못한 강○철은 마이클 잭슨의 노래에 맞추어 과격한 탈춤을 춰댔고 그것을 본 서울 날라리들은 재미있다고 깔깔거렸다. 그는 그 엉뚱한 탈춤이 의외로 경쟁력이 있다고 생각했는지 여자들의 관심을 사야 할 땐 꼭 그 춤을 췄다. 우리도 그걸 부추겼다. 그러나 우리가 간과한 것이, 웃기는 것과 호감을 사는 것은 전혀 다른 문제라는 것이었다. 우리는 처량하게도 상처 입은 유기견처럼 변해갔다.

그러던 어느 날, 정말 이래서는 안 되겠다 싶어 벌떡 일어난 진취적인(?) 사람이 있었으니, 바로 나였다. 나는 학원비를 몽땅 찾아가지고 서울시청 옆에 있던 '개미 미용실' 에 갔다. 그리고 과감하게 핑클 파마를 했다.

그해, 그러니까 1983년은 우리나라에 유니섹스 열풍이 처음 들어온 해였다. 남자와 여자의 옷이 구분이 잘 안 되는 디스코 패션이 흘러넘쳤고 남자도 미장원에서 파마를 하기 시작했다. 그 파마를 우리는 '죠다쉬 파마' 라고 불렀다. 그 당시 '죠다쉬' 라는 청바지 메이커가 있었는데 상표에 그려진 말의 갈기처럼 보인다고 해서 그렇게 불렀다.

나는 '죠다쉬 파마' 까지는 못하고 약간 소극적으로 핑클 파마를 했는데 효과는 기대 이상이었다. 최신 날라리 스타일로 커트까지 하고 거울을 봤더니 역시 머리가 얼굴의 반이라고 그것만으로도 변신은 놀라울 정도였다.

헤어스타일 하나에 온통 자신감이 충만해진 나는 그 길로 남대문 시장에 갔다. 당시 유니섹스 열풍을 선도하던 디스코 패션의 중심은 '빌리지(Village)' 와 '엑시트(Exit)' 라는 메이커였다. 나는 그 두 매장에 가서 주인이 코디해서 걸어 놓은 그대로 두 벌을 샀다.

문제는 신발이었다. 아무래도 나이키나 아식스 정도는 신어줘야 서울 날라리 패션이 완성되는데 그건 너무 비쌌다. 아쉬운 대로 당시 유행하던 보세 운동화로 마무리했다.

그리고 마지막 화룡점정. 복사뼈 위까지 올라오는 디스코 바지를 빛내 줄, 그 이름도 찬란한 아놀드 파머 우산이 박혀 있는 흰색 양말! 명실상부한 날라리 패션의 종결이었다.

그러고 나니 학원비가 다 나갔다. 그러나 학원이 문제인가? 서울 날라리들처럼 멋지게 차려입고 휘황찬란한 조명 아래에서 그들과 함께 어울려 춤을 추는 모습을 상상하니 온몸이 다 떨릴 지경이었다.

파마하고 옷 사 입은 것밖에 없는데 변신은 기가 막혔다. 내 눈이 의심스러울 정도였다. 강릉 촌티는 완전히 사라지고 이젠 영락없는 서울 날라리였다. 말만 안하면 말이다.(아, 그놈의 서울말!)

이제 모든 것이 갖춰졌다. 자연스럽게 그 선망과 매혹의 세계로 스며들기만 하면 됐다.

그렇게 진출한 곳이 무교동이었다. 무교동에는 '원투쓰리' '코파카바나' '다운타운' '카네기' '파레스' 등 디스코텍이 밀집해 있었다. 한 마디로 물이 좋은 동네였다.

그 동네에서 나는 하루가 다르게 자랐다(?). 물 만난 고기가 따로 없었다. 게다가 내게 의외로 춤 재능이 있었는지 아무리 최신 유행 춤이라 해도 몇 번만 따라 하면 금세 똑같이 출 수가 있었다. 제대로 된 헤어스타일에 제대로 된 패션, 그리고 제대로 된 최신 춤까지 나는 일약 무교동의 기린아로 성장했다.

나는 한 발 한 발 서울 주류 날라리 세계로 편입해 들어갔고 춤 실력은 점점 세련돼졌으며 아는 얼굴도 생겼다. 거의 출석부를 찍으면서 다녔다. 나중엔 별의별 구실을 다 만들어서 다녔는데 누가 옷을 사면 착복식, 신발을 사면 착화식, 머리를 깎으면 착발식을 해야 한다면서 갔다. 양말을 사도 착복식을 했다.

비용은 두레와 향약의 원리를 이용했다. 공교롭게도 우리 네 명의 하숙비가 올라오는 시기가 일주일 간격이서 한 사람 돈이 올라오면 그걸로 다 함께 쓰고 떨어질 때쯤 다시 누군가의 돈이 올라오고 하는 식이었다.

그러나 그런 와중에도 우리는 늘 마음 한구석이 허전했다. 다름 아닌 블루스 때문이었다.

이상하게 다른 건 다 되는데 블루스만큼은 난공불락이었다. 이건 패션이나 춤 실력의 문제가 아니라 용기가 있고 없고의 문제였다. 촌놈 특유의 자격지심 때문에 예쁜 서울 여자에게 다가가 감히 블루스를 청해볼 용기가 나지 않았던 것이다. 그녀들은 언제나 도도해 보이기만 했다.

사실 블루스 실력만 따지면 우리는 이미 수준급이었다. 하숙집에서 맨해튼(Manhattans)의 'Kiss And Say Goodbye' 를 틀어놓고 남자끼리 얼싸안은 채 얼마나 연습을 했던가. 어디서 주워들었는지 바지 주머니에 탁구공을 넣고 추는 신공까지 마스터한 상태였다.

하지만 막상 블루스 타임만 되면 쭈뼛쭈뼛, 안절부절, 입맛만 다시다가 결국은 닭 쫓던 개 지붕 쳐다보는 격이 되곤 했다. 그런 날들이 춤바람 첫날부터 계속 이어지고 있었다.

그러다 내가 그 고난의 블루스 '흑역사' 에서 해방, 감격적인 첫 블루스에 성공한 것은 여름도 거의 다 된 때였다. 그 즈음 우리는 '미스터 리' 나 '원투쓰리' 보다 500원 더 비싼 '코파카바나' 를 주로 드나들었다. '코파카바나' 는 1, 2층이 다 디스코텍이었는데 대체로 2층이 물이 더 좋았다.

나는 2층에 앉자마자 습관적으로 홀을 스윽 스캔했다. 얼마 지나지 않아 '피비 케이츠' 닮은 여자를 발견했고 '앗싸! 오늘은 꼭!' 이라고 다짐하며 블루스 타이밍만 엿보고 있었다.

그러나 막상 타이밍이 되자 쭉 그래왔던 것처럼 용기가 안 나 블루스 타임을 두 번이나 놓치고 말았다. 그러다가 세 번째 타이밍이 됐는데 이번에도 머뭇거리는 나를 민○선이 가보라고 확 떠밀었다. 얼떨결에 그녀 앞까지 밀려간 나는 에라, 모르겠다, 하는 심정으로 진짜 두 눈 딱 감고 그녀의 팔을 잡아끌었다.

어? 그런데 이게 웬일인가! 뜻밖에도 순순히 내 품에 안겨오는 게 아닌가. 이렇게 쉬운 거였나?

그때부터 내 심장은 쿵쾅쿵쾅 요동치기 시작했고 그 진동을 눈치 채면 어떡하나 싶어 내 가슴을 그녀의 가슴에서 멀찍이 떨어뜨려 놓고 블루스를 췄다.

하숙집에서 밤마다 연습했던 블루스. 그 스텝을 하나하나 기억하려 했으나 어쩐 일인지 머릿속은 하얗게 비워졌다. 마음은 꿈속처럼 달콤했지만 몸은 반대로 점점 굳어갔다. 나는 거의 쓰러질 지경이었다. 강○철이 연습 때 가르쳐준 바에 따르면 블루스 출 때 여자의 귓속에 콧김을 훙훙훙 집어넣으라고 했는데 너무 긴장한 나머지 가장 중요한 그걸 깜빡 잊어버리고 말았다.

나는 너무 떨려서 1절만 추고 그만 자리에 들어오고 말았다. 담배를 서너 개비 연달아 피운 후에야 간신히 정신을 차릴 수 있었다.

그런데 참 이상도 하지. 얼마 후 다시 블루스 타임이 돌아왔을 때 나는 나도 모르게 벌떡 일어나 아주 자연스럽게 그녀에게 다가가 다시 손을 내밀었다. 그녀는 살포시 웃으며 내 손을 받아주었고 우린 한 번 더 블루스를 출 수 있었다.

이젠 더 이상 떨리지도 않았고 가슴이 요동치지도 않았다. 아, 그녀의 허리를 감싼 내 손바닥을 통해 느껴져 오던 그 따뜻하던 느낌, 풍성한 머리카락에서 풍기던 샴푸냄새, 게다가 스텝을 옮길 때마다 내 허벅지를 스치던 그녀의 허벅지까지! 나는 물 흐르듯 하는 움직임

속에서 그녀를 온전히 느낄 수 있었다. 피비 케이츠 닮은 '서울' 여자를 말이다.

그날 이후 나의 첫 블루스 상대였던 피비 케이츠와는 인연이 조금 더 이어졌다. 쉽게 말해 애프터가 있었다는 얘긴데 아쉽게도 레이건 미 대통령 때문에 산통이 깨지고 말았다.

나는 그녀에게 나를 소개하기를 이름은 유○곤이고 한양대학교 사학과에 다닌다고 했다. 재수생들의 전형적인 신분 변조였는데 어느 날 종로 '파인 힐 레스토랑' 에서 파인 주스 한 잔 마시고 둘이 걸어서 시청 부근까지 데이트를 하던 중이었다. 그런데 공교롭게도 그날이 레이건 미 대통령이 방한한 날이라서 시청 주변은 전경들의 경비가 삼엄했다. 피한다고 피했는데 결국 전경한테 걸려서 수색을 당했다. 주민등록증을 달라고 해서 줬더니 녀석이 한문을 몰라서 그랬는지 일부러 그랬는지 이름이 뭐냐고 묻는 게 아닌가? 이런 제기랄. 위기일발이었다.

나는 전경한테 바짝 붙어 서서 모기만 한 목소리로 "최…영…순입니다…" 했다. 그랬더니 잘 안 들린다면서 크게 말해보라는 것이었다. 이런 개자식이 있나! 할 수 없이 나는 조금 더 큰 목소리로 말했고 동시에 그녀의 놀란 눈망울을 봐야 했다.

아, 그렇게 내 첫 블루스 피비 케이츠는 레이건 미 대통령과 함께 떠나버리고 말았다. 며칠 후 그녀는 약속 장소에 나타나지 않았던 것이다. 아마 그때부터 내가 반미주의자가 되지 않았나 싶다.

각설하고, 처음이 어렵지 한 번 하고 나니 쉬워도 그렇게 쉬운 게 없었다. 그동안 블루스를 왜 그리 어려워했는지 이해가 안 갈 지경이었다. 이후 나는 블루스의 황태자가 되었다. 내가 '휘네루' 를 보내서 안 되는 경우는 거의 없었다. 어떨 때는 여자가 먼저 다가오는 경우도 있었다. 인천에서였는데 여자가 먼저 블루스를 추자고 해서 '춰줬다가' 도끼눈을 부라리는 그 여자 남자친구를 발견하고는 어머, 뜨거워라, 하고 도망친 적도 있었다. 사실은 좀 찐한 이야기도 있는데 그냥 그랬거니 하고 묻어 두자.

그렇게 조금씩 이력이 늘어갈 즈음 우리는 무교동이나 관철동을 벗어나 원정을 뛰기 시작했다. 처음엔 종로 3가 쪽의 '국일관' 이나 '마부' , 신촌로터리의 '우산 속' 같은 곳을 얼쩡댔다. 하지만 그쪽은 실망스럽게도 물이 너무 안 좋았다. '국일관' 같은 곳은 생 양아치들 판이었고 '우산 속'은 이화여대 여대생들이 많이 온다고 해서 갔는데 이화여대 수준에 완전히 실망했다.

그러던 8월 어느 날, 강남에 물 좋은 업소가 성업 중이라는 소식을 전해 들었다. 강남역 4거리 뉴욕제과 뒤의 '월드팝스'가 그것이었다. 나는 강○철을 꼬드겨 강남에 진출하기로 했다.

당시 강남에는 '월드팝스' 외에도 '스튜디오 80'이나 '머치 모아' 같은 디스코텍이 있었는데 물 좋고 관리 잘 되기로는 단연 '월드팝스'였다. 우리 선수들끼리는 그냥 '월팝'이라고 불렀던 그곳을 내가 아직도 선명하게 기억하는 까닭은 진짜 물이 엄청나게 좋았다거나 하는 그런 이유가 아니라 그곳에서 우리 명륜 중학교 동창 권○○을 우연히 만났기 때문이다.

진짜 깜짝 놀랐다. 그 넓고 넓은 서울 땅에서, 그것도 '월드팝스' 에서 명륜 중학교 동창을 만날 줄 꿈엔들 알았겠는가. 그런데 더욱 놀라운 것은 녀석의 겉모습이었다. 각이 바짝 살아있는 죠다쉬 파마에 멋진 디스코바지, 소매를 살짝 말아 입은 반팔, 짙은 아이라인, 그리고 몸놀림이 별로 크지도 않으면서 살랑살랑 절제되게 흔드는 춤사위까지! 나는 흉내조차 낼 수 없는 서울 날라리의 진정한 내공과 포스를 내뿜고 있었던 것이다.

더더군다나 마요네즈를 먹은 듯 입에서 감칠맛 나게 흘러나오던 서울말이라니! 사법고시보다 더 어렵다는 서울말을!

녀석은 중학교 때 가끔 빨간 책을 학교에 가지고 와서 화장실에서 내게 몰래 보여주곤 했던 친구인데, 사실 이런 이야기까지 하고 싶지는 않지만, 중학교 땐 공부도 내가 조금 잘했었고, 얼굴도 조금 잘생겼었고, 키도 내가 조금 컸었고, 뭐 아무튼 그땐 그랬었다. 그런데 3 ~ 4년 만에 이렇게 완벽하게 서열이 뒤집히다니. 그것도 서울에서!

상전벽해, 경천동지, 인생무상! 길디긴 삶에서 영원한 승자도, 영원한 패자도 없다는 말은 정녕 진리인 것 같았다.

'월드팝스' 에 머물러 있던 내내 나는 나도 모르게 약간 저자세(?)가 되었다. 내가 아무리 무교동의 기린아로 성장했다지만 끝끝내 불가능했던 것이 서울의 남녀 날라리들과 함께 시시덕대며 어울리는 것이었다. 그게 안 된다는 것은 우리는 그 세계에 아무런 연고도 없고 그래서 영원한 비주류일 수밖에 없다는 뜻이었다. 그런데 녀석은 그걸 하고 있었다. 같이 온 예쁜 날라리를 무릎에 앉혀놓고 말이다. 진짜 부러워 죽을 뻔했다.

두어 시간 얼쩡대다가 그만 작별인사를 건네려는데 그때야 '서울 여자 날라리들' 숲에 둘러싸여 있던 녀석이 유창한 서울말로 한마디 했다.

"너, 요즘 뭐하냐?"

"나? 재, 재수하지 뭐."

"그러니? 나도 재수하는데. 난 정일학원에 있어. 남영동 올 일 있으면 연락해."

"그, 그래."

"그리고 자식 너 이제 이런 데 그만 다니고 공부 좀 해라. 시험도 얼마 안 남았는데."

"으응? 그, 그래야지."

우리가 나눈 처음이자 마지막 대화였다.

그렇게 여름이 지나가고 있었다. 어느덧 학력고사 날은 3개월 앞으로 다가왔고 디스코텍도 이제 하나 둘 빈자리가 생기기 시작했다. 그 사이 우리는 인천까지 원정을 갔다 왔다. 변○남을 만난다고 갔던 것 같은데 만나지는 못하고 그냥 맥아더 공원 구경하고 인천의 디스코텍만 순례하다가 돌아왔다.

유○곤은 우리에게 춤바람만 잔뜩 불어넣고 자기는 여름 접어들

던 초입에 학원으로 돌아갔다. 9월이 되면서는 민○선이 서너 달이라도 공부해야겠다며 빠졌다. 나와 강○철, 이렇게 딱 둘만 남았다. 어쩌면 그렇게 싸돌아다니는 데는 둘이 팀워크가 더 잘 맞는 법. 우리 둘은 환상의 복식조를 이루면서 여러 여자들을 울리고(?) 다녔다. 황홀한 가을이었다. 우리는 그런 나날이 영원히 지속될 줄 알았다.

그러다가 운명의 10월 11일, 무교동은 중요한 전기를 맞았다. 그날 이전과 이후의 무교동은 완전히 달라졌다. 동시에 영원할 것 같았던 우리의 가을도 함께 몰락하기 시작했다.

그해 10월 9일 미얀마의 아웅 산 묘지에서 북한 테러가 발생, 대통령 수행원 17명이 전원 사망하는 사건이 발생했는데 그 합동 국민장이 11일 치러졌다. 그런데 놀랍게도 전국의 모든 디스코텍이 그날 한꺼번에 문을 닫은 것이었다.

그날 아무것도 모른 채 무교동 '원투쓰리' 까지 갔다가 굳게 닫힌 출입문에 붙어 있던 '국민장 관계로 금일 휴업' 이라는 메모를 보고 얼마나 당황했는지 모른다. 혹시나 하고 가봤지만 그 옆집도, 그 옆 옆집도 다 그랬다. 무교동 일대가 텅 비어 있었고 스산한 바람 속에 신문지만 나뒹굴고 있었다.

어제까지만 해도 이곳은 춤과 음악과 예쁜 날라리들의 웃음소리로 가득한 파라다이스였는데 어떻게 이런 일이… 국민장하고 디스코텍하고 무슨 상관이라고! 나는 '뿔따구' 가 솟아 애꿎은 전봇대만 걷어찼다.

나는 온종일 진짜 우울하고 무기력했다. 아무것도 할 수 없었다. TV와 라디오에서 종일 흘러나오던 장송곡 때문만은 아니었다. 일종의 금단증상 같은 것이었고 어두운 앞날에 대한 불길한 예감 같은 것이었다.

불행하게도 그 예감은 맞았다. 그날 이후 무교동은 완전히 내리막을 걷기 시작했다. 이제 더 이상의 흥청거림은 없었다. 디스코텍도 반 이상이 빈자리였고 골목마다 몰려다니며 깔깔대던 예쁜 여자애들도 어쩐 일인지 종적이 묘연했다. 나는 그게 다 아웅 산 사건 여파라고 생각했다. 국가적으로 큰 위기가 생기면서 유흥업이 전반적으로 가라앉고 있다고 말이다. 꼭 그렇게 가라앉을 필요는 없는데 국민들, 특히 우리 사랑하는 날라리들이 어릴 때부터 반공교육을 너무 받아서 과민하게 반응하고 있다고 말이다.

그러나 사실 그건 오해도 한참 오해였다. 날라리의 대부분을 재수생이 차지하고 있었는데 학력고사 날짜가 임박하면서 다만 한 달이라도 공부하겠다고 일제히 빠져나간 탓이었다. 나는 그 사실을 한참 후에야 알았다. 나만 몰랐던 이야기였다.

이후 빈자리는 점점 더 늘어났다. 10월을 넘기고 11월이 되면서부터는 거의 텅 빈 수준이 돼버렸다. 나는 의욕을 완전히 잃었다. 빈 무대에 조명만 저 혼자 돌아가고 있었다. 그 아름답고 예쁘던 날라리들은 다 어디로 사라졌는지, 키도 훤칠하고 얼굴도 하얗던 남자 날라리들은 또 어디로 가버렸는지 도무지 알 길이 없었다. 늘 내 가슴을 따뜻하게 덥혀주곤 하던 블루스 여인들은 어디 가서 찾아야 한단 말인가.

그런 내 마음 한구석에 형언할 수 없이 깊은 슬픔이 밀려왔다. 디스코텍도 문을 닫고, 더 이상 갈 데도 없고, 돈도 떨어지고, 그런 내 발걸음엔 찬바람만 감돌았다.

드디어 학력고사를 일주일 앞둔 날. 나는 강○철과 함께 그해의 마지막 춤을 추러 갔다. 다음 날이면 우리도 학력고사 보러 강릉에 내려가야 했고, 그러면 당분간은 서울에 올라올 일도 없을 터였다. 어쩌면 무교동과는 영원한 이별이 될지도 몰랐다.

마지막 날도 '원투쓰리' 였다. 입시 학원에서 마지막 총정리를 하는 시기니까 우리도 디스코텍 총정리를 해야 한다면서 가기는 했지만 마음은 무거웠다.

갔더니 손님이 진짜 우리 빼고 딱 한 테이블 있었다. 그 넓은 디스코텍에 딱 두 팀이 있었으니 얼마나 스산했겠는가? 그래도 총정리를 위해 갔으니 나름대로 식순(?)에 맞추어 춤도 추고 콜라도 마시고 담배도 피우고 그랬다.

손님이 없어도 블루스는 나왔다. 1983년 서울에서의 마지막 블루스. 그러나 안타깝게도 '원투쓰리' 안에는 단 한 명의 여자도 없었다. 나는 할 수 없이 강○철과 텅 빈 플로어에 올랐다. 낙엽처럼 쓸쓸한 조명 사이로 '보니 타일러' 의 'Total Eclipse Of The Heart' 가 흘러나왔다. 노래처럼 내 춤바람에도 개기일식이 일어나고 있었다.

그게 무교동에서의 마지막 춤이었다. 동시에 1983년 내 스무 살의 마지막 밤이기도 했다. 그날 이후 우린 다시 무교동에 돌아가지 못했다.

지금까지 내 스무 살에 있었던 춤바람을 이야기했다. 때론 환호하고 때론 좌절하면서 서울의 미로를 뿌리 없이 떠돌던 내 스무 살의 비망록. 비록 휘청거리면서도 청춘의 절망을 맨살로 껴안으려 했던 내 젊은 날의 초상이 거기에 있다.

지금 하나하나 돌이켜보니 그 시절 서울에서 우리가 꾸었던 꿈은 무엇이었을까 궁금해진다. 지금 다시 30년 전으로 돌아가 그 낯선 서울의 초봄 어딘가에 뚝 떨어진다면 어떤 기분일까? 다시 행복할 수 있을까?

자, 파티는 끝났다. 이제 문을 닫아야 할 때다.

미스터 리, 원투쓰리, 코파카바나, 그 성스럽고 아름다운 이름들 앞에 꽃을 바친다. 아모르, 아모르 미오…….

최영순(崔榮洵)_ 소싯적부터 학교보다는 극장을, 독서실보다는 도계의 탄광촌을, 교과서보다는 소설책을 즐겨했으나 안타깝게도 그 이상은 없었다. 어릴 때부터 너무 겉멋에 휘둘려 진정성을 상실했기 때문이다. 후회해도 늦은 나이에 만화를 그리기 시작했고 어쩌다 보니 그것이 업이 되어버렸으며 나중엔 베이스 기타에 심취해 밤업소와 면 단위 행사를 뛰고 있는 중이다.

요시모토 바나나의 〈아르헨티나 할머니〉라는 책에는 내가 좋아하는 작가 요시토모 나라의 드로잉이 삽화로 들어가 있다. 두 사람이 잘 어울린다고 생각했다. 그리고 나도 문학가와 이런 작업을 한번쯤 해 보고 싶었다.

그 꿈의 첫발은 〈대관령 동쪽으로 떠나는 추억여행〉이 되었다. 주신 글을 읽고 또 읽는 동안 하하 웃고, 훌쩍거렸다. 수십 년 전 하얗고 까만 교복을 입고 다녔을 친척 언니 오빠들을 떠 올려보았다. 자료를 찾아보고 공부하고 감정이입을 해보았다. 아버지의 고향이 충청북도이긴 하지만 내 할머니 할아버지의 삶을 떠올려보기도 하였다. 홍천 와야리에서 반년동안 작업했던 레지던시를 떠올리며 수려한 산새의 강원도를 찬미했다. 이렇게 해서 나온 내 드로잉들이 나는 맘에 든다. 무엇보다 진솔하고 아련한 글 때문이었으리라…

나의 식탁과 피카소의 식탁
2009년 홍천 와야리 와야초등학교 급식실에서,
가을에. . .

표지의 앞면은 30여분의 글이 모인 만큼, 강원도의 하늘과 바다, 그리고 각자 다양한 추억의 장소들과 주인공들을 한군데로 모았고, 뒷면은 혼자 떠나는 추억여행이라는 의미로 홀로 걸어가는 여아를 넣었다.

올 가을 멋진 강원도 여행이 행복했다.

한윤정 (회화, 설치 작가)
홍익대학교, 뉴욕주립대학원
6회의 개인전과 50여회그룹전을 했다. 음식을 소재로 삼고 그것을 주제화하는 작업을 선보여 온 한윤정은 그것의 공간을 탐구, 그것들과 어울리는 아크릴 간판들에 조명을 넣어 설치함으로써 전체적으로 하나의 풍경을 이루는 작업을 최근 해왔다.

대관령 동쪽으로
떠나는 추억여행

저자 | 강릉 83포럼
1판 1쇄 인쇄 | 2013년 11월 20일
1판 1쇄 발행 | 2013년 11월 25일

펴낸곳 | 조윤커뮤니케이션
펴낸이 | 안혜경
편집장 | 최몽순
그　림 | 한윤정
교　정 | 국　찬

주소 | 서울시 종로구 효자동 60-4 조윤하우스
전화 | 02-730-8841　팩스 | 02-730-8814
출판등록 | 제2-3307호
등록일자 | 2001년 4월 13일

ISBN 978-89-91216-65-5 13980

값 16,800원